DA RESPONSABILIDADE CIVIL DO CONDUTOR DE VEÍCULO AUTOMOTOR
Uma abordagem sob as perspectivas da teoria do risco

O GEN | Grupo Editorial Nacional reúne as editoras Guanabara Koogan, Santos, Roca, AC Farmacêutica, Forense, Método, LTC, E.P.U. e Forense Universitária, que publicam nas áreas científica, técnica e profissional.

Essas empresas, respeitadas no mercado editorial, construíram catálogos inigualáveis, com obras que têm sido decisivas na formação acadêmica e no aperfeiçoamento de várias gerações de profissionais e de estudantes de Administração, Direito, Enfermagem, Engenharia, Fisioterapia, Medicina, Odontologia, Educação Física e muitas outras ciências, tendo se tornado sinônimo de seriedade e respeito.

Nossa missão é prover o melhor conteúdo científico e distribuí-lo de maneira flexível e conveniente, a preços justos, gerando benefícios e servindo a autores, docentes, livreiros, funcionários, colaboradores e acionistas.

Nosso comportamento ético incondicional e nossa responsabilidade social e ambiental são reforçados pela natureza educacional de nossa atividade, sem comprometer o crescimento contínuo e a rentabilidade do grupo.

Marcelo Marques Cabral

DA RESPONSABILIDADE CIVIL DO CONDUTOR DE VEÍCULO AUTOMOTOR
Uma abordagem sob as perspectivas da teoria do risco

11

SÃO PAULO

- A EDITORA MÉTODO se responsabiliza pelos vícios do produto no que concerne à sua edição (impressão e apresentação a fim de possibilitar ao consumidor bem manuseá-lo e lê-lo). Os vícios relacionados à atualização da obra, aos conceitos doutrinários, às concepções ideológicas e referências indevidas são de responsabilidade do autor e/ou atualizador.

  Todos os direitos reservados. Nos termos da Lei que resguarda os direitos autorais, é proibida a reprodução total ou parcial de qualquer forma ou por qualquer meio, eletrônico ou mecânico, inclusive através de processos xerográficos, fotocópia e gravação, sem permissão por escrito do autor e do editor.

  Impresso no Brasil – *Printed in Brazil*

- Direitos exclusivos para o Brasil na língua portuguesa
  Copyright © 2013 *by*
  EDITORA MÉTODO LTDA.
  Uma editora integrante do GEN | Grupo Editorial Nacional
  Rua Dona Brígida, 701, Vila Mariana – 04111-081 – São Paulo – SP
  Tel.: (11) 5080-0770 / (21) 3543-0770 – Fax: (11) 5080-0714
  metodo@grupogen.com.br | www.editorametodo.com.br

- Capa: Marcelo S. Brandão

- CIP – Brasil. Catalogação-na-fonte.
  Sindicato Nacional dos Editores de Livros, RJ.

  C12r

  Cabral, Marcelo Marques

  Da responsabilidade civil do condutor de veículo automotor : uma abordagem sob as perspectivas da teoria do risco / Marcelo Marques Cabral – Rio de Janeiro: Forense; São Paulo: MÉTODO, 2012.

  (Coleção Prof. Rubens Limongi França, vol. 11 – coordenação: Giselda Maria Fernandes Novaes Hironaka e Flávio Tartuce)

  Inclui bibliografia
  ISBN 978-85-309-4036-2

  1. Direito civil - Brasil. 2. Responsabilidade (Direito). 3. Trânsito - Legislação - Brasil. 4. Segurança no trânsito. I. Título. II. Série.

  12-0039.

  CDU: 347(81)

Coordenação

Giselda Maria Fernandes Novaes Hironaka
Flávio Tartuce

Títulos

Vol. 1 – **Direito sucessório do cônjuge e do companheiro**
Inacio de Carvalho Neto

Vol. 2 – **Função social dos contratos – do CDC ao Código Civil de 2002**
Flávio Tartuce

Vol. 3 – **Revisão judicial dos contratos – do CDC ao Código Civil de 2002**
Wladimir Alcibíades Marinho Falcão Cunha

Vol. 4 – **Danos morais e a pessoa jurídica**
Pablo Malheiros da Cunha Frota

Vol. 5 – **Direito contratual contemporâneo – a liberdade contratual e sua fragmentação**
Cristiano de Sousa Zanetti

Vol. 6 – **Direitos da personalidade e clonagem humana**
Rita Kelch

Vol. 7 – **Responsabilidade civil objetiva pelo risco da atividade – uma perspectiva civil-constitucional**
Ney Stany Morais Maranhão

Vol. 8 – **Regime de bens e pacto antenupcial**
Fabiana Domingues Cardoso

Vol. 9 – **Obrigações de meios e de resultado – análise crítica**
Pablo Rentería

Vol. 10 – **Responsabilidade civil objetiva e risco – a teoria do risco concorrente**
Flávio Tartuce

Vol. 11 – **Da responsabilidade civil do condutor de veículo automotor – uma abordagem sob as perspectivas da teoria do risco**
Marcelo Marques Cabral

"O Amor é sofredor, é benigno; o amor não é invejoso; o amor não se vangloria, não se ensoberbece;

Não se porta inconvenientemente, não busca os seus próprios interesses, não se irrita, não suspeita mal;

Não se regozija com a injustiça, mas se regozija com a verdade;

Tudo sofre, tudo crê, tudo espera, tudo suporta".

(1 Coríntios 13:4-7)

DEDICATÓRIA

Ao meu Deus, meu Salvador, que concedeu o seu Filho para a redenção dos meus pecados, mola propulsora da minha vida e inspiração efetiva da busca pela Justiça.

A Marcelo Marques Cabral Filho (Marcelinho), pois a sua existência me ensinou a nunca desistir da luta pela vida e da busca incessante pelo equilíbrio e ponderação nas atitudes.

Ao meu pai, João Batista da Silva Cabral, fonte direta e imediata de austeridade e aprendizado, bem como à minha mãe, Raquel Marques da Cunha Cabral, fonte de amor, compreensão e paciência.

À minha esposa, Juliana Neves Baptista Cabral, pela compreensão durante o processo de finalização deste singelo trabalho e pelos momentos felizes compartilhados.

Às minhas avós, Ávila Marques da Cunha e Leonila da Silva Cabral, *in memoriam*, pelo brilhantismo dos seus ensinamentos, bem como pela simplicidade dos gestos de pessoas tão grandiosas e extraordinárias.

Aos meus tios, Jessé Marques da Cunha e Eliezer Marques da Cunha, que me ensinaram a busca e o estabelecer do sucesso profissional como algo possível e atingível, bem como a transformar a vida em algo produtivo.

A João Vitor Cabral (Vitinho), Lucas Cabral (Luquinha) e Antônio Vital (Totonho), pelas presenças constantes na minha vida.

À minha irmã, Renata Cabral, pelos momentos compartilhados.

AGRADECIMENTOS

A mais pura verdade já dita: "ter um milhão de amigos para bem mais forte poder cantar!". Sem amigos de verdade, a caminhada de cada ser humano se torna impossível, e os frutos das desavenças e do trabalho conjunto, quando se age sem mágoas, e com o puro sentimento de perdão, não seriam colhidos. Deus os abençoe!

Às maravilhosas e mui amadas tias, Helena Marques da Silva e Silas Marques da Cunha, pelo amor, carinho e orações que efetivaram para que o presente esforço obtivesse o seu fruto maior: o aprendizado.

À Profª Drª Fabíola Santos Albuquerque, pela orientação empenhada nos cursos de especialização em Direito Civil e mestrado em Direito Privado, donde eclodiu esta singela obra.

À Clarissa Marques, pelo apoio e grande ajuda na reunião bibliográfica.

Ao amigo e colega Desembargador Jones Figueirêdo Alves e ao amigo Marcos Ehrhardt Jr., pela revisão do texto e últimas observações pertinentes, além da contribuição para a realização de um sonho.

Ao amigo Desembargador, Eduardo Paurá, pelo incentivo e atenção dispensada.

Ao amigo Promotor de Justiça, Marcos Tieppo, pela confiança depositada na minha pessoa.

Ao amigo e colega, exemplo de Magistrado, Enéas da Rocha, pelas últimas observações pertinentes.

À Faculdade de Direito de Garanhuns, na pessoa da mui estimada Professora Eliane Simões, pelo consistente e permanente incentivo.

À Escola Superior da Magistratura de Pernambuco (ESMAPE) e aos estimados colegas magistrados, pela grande parceria e colaboração diária.

NOTA DOS COORDENADORES

"De nossa parte, temos a ponderar que, considerados especialmente os têrmos do preceito em vigor sôbre a matéria [...], a tese positivista não encontra nenhum alicerce. Na verdade, o nosso legislador, invocando os Princípios Gerais do Direito, quando a lei fôr omissa, está em tudo e por tudo confessando a omissão, isto é, a imprecisão, a insuficiência da Lei. Como, pois, apelar para a mesma Lei, na pesquisa dos princípios em aprêço? Por outro lado, a atitude positivista implica uma orientação reacionária, pois, se aplicada – e, na verdade, povo culto nenhum jamais a aplicou restritivamente –, tolheria a natural evolução do Direito, gradativamente levada a cabo pela Doutrina e pela Jurisprudência, no seu cotidiano afã de adaptar as normas gerais do Sistema à multifária casuística das relações da vida"
(LIMONGI FRANÇA, Rubens. *Princípios gerais do direito.* 2. ed. São Paulo: RT, p. 160).

A crítica formulada por Rubens Limongi França ao positivismo, no texto acima, reflete o tom crítico e a inegável atualidade de suas obras.

Limongi França foi um revolucionário e estaria muito feliz se estivesse entre nós, vivificando a verdadeira revolução pela qual passa o Direito Civil brasileiro. Estaria feliz com o surgimento do sistema de cláusulas gerais, que confere maior efetividade ao sistema jurídico. Estaria feliz com o diálogo interdisciplinar, com o diálogo das fontes, com a análise do Direito Privado a partir da Constituição Federal. Estaria feliz com esse Direito Civil que mais se preocupa com a pessoa humana, relegando o aspecto patrimonial das relações a um posterior plano.

Como Limongi França infelizmente não está mais entre nós, coube a estes coordenadores, e à Editora Método, a ideia de lançar uma série editorial monográfica com o seu nome, trazendo trabalhos e estudos de novos e já consagrados juristas sobre esta nova face do Direito Privado.

Muito nos honra esta coordenação, e trabalharemos no sentido e em razão de honrar o nome desse grande jurista, para que se perpetue ainda mais no meio jurídico nacional.

Assim, esperamos, e desejamos, que a presente coleção reflita, consagre e encaminhe para o futuro toda a magnitude da obra de Limongi França, bem como todo o anseio pela mudança e pelo avanço que eram difundidos e esperados pelo saudoso Mestre.

Boa leitura a todos.

São Paulo, dezembro de 2006

Os coordenadores

PREFÁCIO

Uma teoria do risco dialogada pela higidez do trânsito

O tema da obra oferecida à comunidade jurídica incursiona sobre a condução de veículo automotor em exata medida de sua compreensão como uma atividade de risco e diante de uma potencialidade de causar lesão a outrem. Tudo a ensejar um expressivo e significante debate doutrinário.

Assim considerada capaz de produzir dano, pela carga intrínseca de que se reveste — a tanto sugerir questão iniludível de uma cláusula genérica de responsabilização objetiva —, estamos em que tal atividade se apresenta, nesta obra, muito bem analisada pelo seu autor, no trato vertical de sua configuração como uma atividade indutora do risco e, nesse viés, observada pela moderna teoria do risco, a partir do que se extrai do comando do art. 927, parágrafo único, segunda parte, do Código Civil.

Não há negar que o tema desafia o autor, em nítida premissa de base (inicial), segundo a qual é a própria atividade que propicia o risco (risco inerente), e não um risco do desempenho, aquele risco causado pelo comportamento do agente (condutor). No ponto, subtrai-se a perquirição da culpa, pela presença dominante da ideia do risco, este criado em razão da própria atividade lícita exercida.

Marcelo Marques Cabral é um jovem jurista, magistrado de aguda vocação de justiça, que se apresenta a esse desafio, oferecendo um primoroso estudo que se coloca como marco bibliográfico do tema e do dispositivo em exame.

Embora se admita diverso de sua fonte de inspiração (art. 2.050 do Código Civil Italiano/1942), a tratar, mais precisamente, da atividade perigosa ("esposizione al pericolo"), o dispositivo analisado, na presente obra, cuida do denominado "risco profissional" (decorrente da atividade), no qual haverá a obrigação de indenizar, independentemente de culpa. E, nesse conduto, inserida a atividade de condução de veículo automotor, em sua potencialidade lesiva.

O estudo é de extrema oportunidade para as reflexões de um direito emergente a respeito da problemática trazida. Notável quando se apresenta, em bom rigor, a preencher um necessário espaço de doutrina a respeito; destarte, em tempo de celebração dos dez anos de edição do novo Código Civil (Lei nº 10.406, de 10 de janeiro de 2002).

O autor, como adverte, antes de mais nada, orienta o seu estudo no plano de um modelo interpretativo que consagre, às expressas, a aplicação do princípio da dignidade humana, e exatamente sob a anunciada diretiva, apresenta-o íntegro nesse referido alcance. De fato, a exegese adequada há de contemplar a afirmação da pessoa, absoluta em sua dignidade.

Bem de ver, a propósito, que a norma guia do estudo (art. 927, parágrafo único, do CC), fundada em critério objetivo-finalístico, teve sua redação feita pelo eminente Miguel Reale, com adequação à prestimosa ideia de estrutura social por ele defendida no novo Código Civil, conforme as diretrizes teóricas do estatuto civilista então analisadas por Judith Martins-Costa e Gerson Luiz Carlos (2002).

Em ser assim, resulta, afinal, a assertiva rica de pesquisa e de profundidade doutrinária acerca da responsabilização civil objetiva do condutor de veículo automotor, ante a apontada tipicidade de sua atividade revestir-se propiciadora de perigo (risco criado). O estudo é instigante, pleno a provocar linhas de aplicação maior da cláusula geral em prol das ideias sustentadas, no sistema de responsabilidade sem culpa (diverso do da culpa presumida). De ver, nesse mais largo espectro, que o autor indica, com precisão, que "o risco gerado pela atividade desenvolvida pelo condutor do veículo automotor trata-se de risco objetivo", e, nesse contexto, sustenta que a cláusula geral de responsabilidade objetiva, trazida ao ordenamento jurídico civilista, "abrange não somente o risco derivado do exercício de uma atividade que induza um perigo, mas assim também do exercício de uma atividade indutora de risco especial aos direitos de outrem".

Em menos palavras, diria tratar-se, segundo o autor, consagrar a responsabilização civil "para os casos de danos provocados por alguém na condução de veículo automotor à outra pessoa, quando esta também não detenha fonte de riscos", e, mais que isso, independente de se tratar de "risco profissional", mas, sobretudo, porque a condução de veículo automotor se reveste, no plano civil, do característico de um "perigo abstrato", independente do desempenho do agente, mas extraído da simples ação humana. No caso, o agente atuando, com sua simples ação, em atividade profissional ou não, a alcançar qualquer condutor da ação de dirigir veículo automotor.

Eis o núcleo propositivo da obra, muito bem desenvolvida por Marcelo Marques Cabral, no viés determinante, para além disso, de uma atual legislação de trânsito, "que faz transmudar a atividade de dirigir veículos em algo muito sério e que diz respeito à incolumidade física e psíquica de todo cidadão e, portanto, à higidez do trânsito...".

Não tenho a mínima dúvida de que a presente obra oferece uma excelente contribuição à doutrina nacional, em tema de profunda riqueza, notadamente quando tratado pela ponderação de valores.

O autor tem, com este trabalho produzido, o mérito maior de suscitar uma nova leitura, dentro da teoria do risco.

Ao tempo que o Código Civil assume uma década de aplicação e de estudo − doutrina e jurisprudência defrontadas em sua identidade teleológica − é extremamente gratificante observar que uma nova obra o faz mais uma vez perscrutado, com eficiência de análise, em suas normas mais inovadoras.

No particular, é por igual gratificante para mim refletir, a guisa de prefácio, no atinente a tão importante estudo. Reflexão que exorta todos aqueles comprometidos com o elevado pensamento doutrinário do Direito Civil.

Jones Figueirêdo Alves

Desembargador decano do Tribunal de Justiça de Pernambuco.
Autor de obras de Direito Civil e de Processo Civil,
assessorou a Comissão de Reforma do Código Civil
da Câmara Federal (1999-2000), nos trabalhos técnicos
de elaboração final do texto e à aprovação do projeto.

APRESENTAÇÃO

O tema da responsabilidade do condutor de veículo automotor sempre demanda discussões apaixonadas, considerando-se a multiplicidade de situações e aspectos a serem avaliados quando da imputação do dever de indenizar. Essencialmente casuística, a experiência jurisprudencial de nosso País é um retrato fiel da evolução do estudo da responsabilidade civil contemporânea, que parte de um modelo focado na conduta do ofensor, para uma nova dimensão, inspirada na dignidade humana e na solidariedade social, que enfatiza a necessidade de proteção dos interesses da vítima do dano.

De um modelo de índole liberal, que se preocupava com o causador do dano, passamos a conviver com uma experiência de cunho social, que se baseia, precipuamente, nos prejuízos sofridos pela vítima e nas possíveis formas de compensação da redução dos bens que integram sua esfera jurídica.

O objeto de estudo da presente obra é a responsabilidade civil daquele que conduz o veículo no momento do evento danoso. Dividido em seis capítulos, o livro parte das origens da responsabilidade, para enfrentar situações de responsabilidade sem culpa que evidenciam a própria evolução da matéria, sem esquecer o atual tema do acesso à justiça como elemento do mínimo existencial, apresentando os mais atuais paradigmas para a construção de novos modelos interpretativos.

Para tanto, o autor percorre, com segurança e precisão, a doutrina pátria, utilizando-se de dados jurisprudenciais e textos normativos, sempre analisados em comparação com a experiência jurídica de outros países. O resultado é um texto rico em detalhes, focado, especialmente, na análise dos contornos e da extensão do art. 927, parágrafo único, do Código Civil brasileiro.

Num país no qual as estatísticas de mortes e acidentes de trânsito ultrapassam o número de lesados em conflitos armados, é de se destacar a preocupação do Autor que nos brinda com um trabalho voltado aos problemas do seu tempo, lançando luzes sobre um tema que ainda tem muito a avançar.

Marcos Ehrhardt Júnior
Professor de Direito Civil
da Universidade Federal de Alagoas.
www.marcosehrhardt.adv.br

Nota da Editora: o Acordo Ortográfico foi aplicado integralmente nesta obra.

SUMÁRIO

INTRODUÇÃO 1

1. DA RESPONSABILIDADE CIVIL COM FUNDAMENTO NA CONDUTA CULPOSA DO AGENTE CAUSADOR DO DANO 7

2. DA RESPONSABILIDADE CIVIL COM ETIOLOGIA NO RISCO DE CERTAS ATIVIDADES 15

3. EVOLUÇÃO DOS CONCEITOS NO INSTITUTO DA RESPON-SABILIDADE CIVIL 19

4. O PRINCÍPIO DO ACESSO À JUSTIÇA COMO PRECEITO DE DEMOCRATIZAÇÃO DAS REGRAS JURÍDICAS 31

    4.1 Da evolução dos princípios jurídicos arraigados nos conceitos sociais 31

    4.2 Democracia substancializada: para uma maior verticalização no direito 35

    4.3 O acesso à justiça como elemento nuclear da dignidade da pessoa humana 38

    4.4 Obediência aos direitos fundamentais dos cidadãos e Estado democrático de direito 44

    4.5 Os paradigmas do Código Civil de 1916 51

    4.6 O Código Civil de 2002. Novos paradigmas 53

5. APRESENTAÇÃO ATUAL DA RESPONSABILIDADE OBJETIVA NO DIREITO BRASILEIRO 57

    5.1 Abrangência do enunciado da regra insculpida no parágrafo único do art. 927 do novo Código Civil 62

5.2 Conceito de atividade perigosa e sua extensão à atividade desenvolvida pelo condutor de veículos automotores...................... 67

5.3 Para uma interpretação dinâmica e evolutiva do direito............. 68

5.4 O entendimento contrário dos juristas... 77

5.5 Ainda a interpretação da regra *sub examem*............................... 93

5.6 O real sentido da frase: *ou quando a atividade normalmente desenvolvida pelo autor do dano implicar, por sua natureza riscos para os direitos de outrem* 99

5.7 O Código de Trânsito Brasileiro como base de sustentação da responsabilidade objetiva 103

6. A TEORIA DO RISCO COMO FUNDAMENTO DE REPARAÇÃO CIVIL 105

7. OS FATORES EXCLUDENTES DA RESPONSABILIDADE CIVIL DO CONDUTOR DE VEÍCULO AUTOMOTOR 115

8. CONCLUSÃO.. 119

REFERÊNCIAS BIBLIOGRÁFICAS................................ 123

INTRODUÇÃO

O trabalho em epígrafe tem por escopo referencial apresentar a responsabilidade do condutor de veículo automotor, sob o enfoque dado pelas mais atualizadas doutrinas pátria e estrangeira, assim como pelo novo Código Civil brasileiro, àqueles que desempenham determinadas atividades consideradas "perigosas", assim entendidas como aquelas que contenham, em si, uma grave probabilidade de causar danos aos direitos de outrem, ou seja, "uma notável potencialidade danosa"[1] ou, simplesmente, "propiciadora de riscos aos direitos de outras pessoas", tendo em vista a ação média do homem comum, tudo em consonância com a doutrina da teoria do risco, notadamente perlustrada por uma visão dogmática do direito.

Ultrapassando as fases pelas quais passaram doutrina e jurisprudência, em relação ao processo de desenvolvimento da responsabilidade civil, da culpa ao risco,[2] demonstrar-se-á a evolução desse instituto que evolui de acordo com o desenvolvimento dos princípios de índole social, embutidos na legislação vigente, mormente na atual Lei Maior.

Existe clássica definição da responsabilidade civil "como a obrigação que pode incumbir a alguém de reparar um dano causado a outrem por um fato seu, pelo fato de as pessoas ou das coisas dependentes dela",[3] utilizando-se de um conceito de Savatier. Contudo, sua conceituação não é tarefa das mais fáceis. Dessa forma, segundo registra Caio Mário da Silva Pereira, alguns autores definem tal instituto como o "ato de responder", usando o mesmo vocábulo a ser definido, no que merecem

---

[1] GONÇALVES, Carlos Roberto. *Comentários ao código civil.* São Paulo: Saraiva, 2003. v. 11, p. 316-317.

[2] LIMA, Alvino. *Culpa e risco.* São Paulo: Revista dos Tribunais, 1999.

[3] SAVATIER, René. *Trate de la responsabilté civil en droit français.* 10. ed. Paris: Ledj, 1951. v. 1, n. 1.

2   DA RESPONSABILIDADE CIVIL DO CONDUTOR DE VEÍCULO AUTOMOTOR

críticas; outros estabelecem na conceituação "a ilusão a uma das causas do dever de reparação, atribuindo-a ao fato culposo do agente", e, outros, ainda, simplesmente se abstêm de conceituar.[4]

Pode-se asseverar que, durante séculos, emergiu o instituto da responsabilidade civil, assim, inicialmente, aquele que causasse dano a outros, por uma conduta culposa, deveria ressarci-lo, conforme os princípios gerais: *neminem laedere* e *restituitio in integrum*, pelos quais todo aquele que causar dano a uma pessoa terá o dever de repará-lo.

Com o direito natural e, sobretudo, com o direito canônico, construiu-se um tipo de responsabilidade, cujo substrato fundamental seria a demonstração da culpa do agente causador do dano. Nesse sentido, o Código Civil de 1916 estabelecia que todo aquele que, por ação ou omissão voluntária, negligência ou imprudência causasse dano a outrem, seria obrigado a repará-lo. Todavia, o desenvolvimento das máquinas e objetos utilizados pelo homem, sobretudo o automóvel, assim como a alta tecnologia empreendida na sua elaboração, levou a vítima, autor do processo de responsabilidade civil, a uma posição de extrema inferioridade.[5] Empregando-se expressão de Larenz, segundo a qual "a responsabilidade é a sombra da obrigação",[6] estabelece-se que, na violação de um dever jurídico originário, exsurge um dever jurídico derivado, sucessivo, ou decorrente, ou seja, o de reparar o dano oriundo de uma violação originária de um dever preexistente.[7]

Tendo em vista tal entendimento, buscou-se, inicialmente, o substrato da responsabilidade do agente na culpa, dando uns[8] por sua origem a *lex aqullia*[9], e outros, negando-a.[10] Destarte, de base subjetivista, o Código Beviláqua, apoiava o dever de reparar, além de nos outros elementos clássicos, tais como a ação ou omissão voluntária, resultado lesivo

---

[4] PEREIRA, Caio Mário da Silva. *Responsabilidade civil.* Rio de Janeiro: Forense, 2002. p. 3.

[5] RODRIGUES, Silvio. Responsabilidade civil. In: _____. *Direito civil.* São Paulo: Saraiva, 2001. v. 4, p. 150.

[6] LARENZ, Karl. *Metodologia da ciência do direito.* Trad. de José Lamego. 2. ed. Lisboa: Fundação Calouste Gulbenkian, 1997 apud CAVALIERI FILHO, Sérgio. *Programa de responsabilidade civil.* São Paulo: Malheiros, 2002. p. 22.

[7] CAVALIERI FILHO, Sérgio. *Programa de responsabilidade civil.* São Paulo: Malheiros, 2002. p. 21-22.

[8] KESER, Max. *Direito privado romano.* Lisboa: Fundação Calouste Gulbenkian, 1999. p. 213.

[9] PEREIRA, Caio Mário da Silva. *Responsabilidade civil.* Rio de Janeiro: Forense, 2002. p. 3.

[10] DIAS, José de Aguiar. *Responsabilidade civil.* Rio de Janeiro: Forense, 1983. p. 36.

INTRODUÇÃO

3

o nexo etiológico existente entre este e a conduta desempenhada, na culpa do transgressor do dever jurídico originário, no que tinha pleno respaldo dos doutrinadores pátrios,[11] salvo raras exceções, conforme será demonstrado.

Perpassando por momentos críticos desde o seu nascedouro, pois abandona a vítima, sujeito ativo na relação jurídico-processual de responsabilidade, deixando-a ao alvedrio de manipulações técnicas da parte mais forte nesta relação, a teoria subjetiva, desde o início já merecendo críticas, tornou-se insuficiente, sobretudo com o passar dos tempos em que as relações sociais tornaram-se massificadas[12] e as relações de consumo, especialmente, globalizaram-se enormemente. Outrossim, com o desenvolvimento das tecnologias empregadas nas máquinas, assim como em todos os setores laborais, propiciou-se a defasagem dos conceitos pré-formulados pela teoria subjetiva, verificando-se, assim, o "período de transição",[13] marcado pela expansão da industrialização e do uso das máquinas e aparelhos, potencialmente perigosos, no cotidiano das pessoas e da maior frequência de acidentes.

Instada a solucionar as lides dessa natureza, a jurisprudência ousou criar mecanismos que facilitassem os meios de prova, reequilibrando as posições das partes no processo. Para tanto, socorreram-se os tribunais de todo o país, acompanhados de fortes tendências doutrinárias, inclusive alienígenas, de instrumento como o da presunção de culpa do agente causador do dano; da diversificação das culpas e, por fim, desenvolvendo a responsabilidade sobre as bases da teoria do risco, desprezando-se o elemento culpa, "prescindindo-se de todo fato de ordem espiritual ou psicológica, de causalidade interna com relação ao dano",[14] doutrina esta que respalda a tese objetivista.

Até entrar em vigor o novo Código Civil, Lei nº 10.406, de 10 de janeiro de 2002, a responsabilidade objetiva apenas encontrava guarida nos casos expressos em lei. Entrementes, com o advento desta lei, o ordenamento passou a fundar a responsabilidade objetiva também na teoria do risco criado, em estreita consonância com outras legislações estrangeiras e em sincronia com o que já preconizava o Projeto de

---

[11] SANTOS, J. M. Carvalho. *Código civil brasileiro interpretado.* 5. ed. Rio de Janeiro: Freitas Bastos, 1953. p. 320-321.

[12] LOBO, Paulo Luiz Netto. *Condições gerais dos contratos e cláusulas abusivas.* São Paulo: Saraiva, 1991. p. 12.

[13] LOBO, Paulo Luiz Netto. *Direito das obrigações.* Brasília: Brasília Jurídica, 1999. p. 133.

[14] SERPA LOPES, Miguel Maria de. *Curso de direito civil.* 7. ed. Rio de Janeiro: Freitas Bastos, 1989. v. 1, p. 489.

4 DA RESPONSABILIDADE CIVIL DO CONDUTOR DE VEÍCULO AUTOMOTOR

Código de Obrigações de 1965, art. 87, cuja autoria é atribuída ao professor Caio Mário da Silva Pereira.[15]

O Código de Trânsito Brasileiro, Lei nº 9.503, de 23 de setembro de 1997, por sua vez, disciplina toda uma estrutura, por meio de preceitos normativos, para que o processo de circulação de bens e pessoas se desenvolva dentro de padrões de segurança, eficiência e conforto, o que pode redundar na referência à atividade desenvolvida pelo condutor, só pelo simples ato de guiar, como "perigosa" ou "indutora de riscos especiais". Com base nisso, elenca preceitos de índole normativa, inclusive com imposição de penalidades variadas, para os transgressores das medidas administrativas preconizadas por ele, assim como prevê a tipificação de vários delitos; arts. 291 a 312.

Com todo esse arsenal de normas, sobretudo as erigidas pelo Código de Trânsito, no anseio de disciplinar a conduta do condutor de automóveis, antes, durante e depois do processo de habilitação, procurar--se-á sublimar tal atividade como "perigosa" e que, por isso, deve ser analisada em cotejo com a teoria objetiva, com base no risco criado, que se encontra previsto na última parte, do parágrafo único, do art. 927, do atual diploma de direito substantivo, referenciada na expressão: "ou quando a atividade normalmente desenvolvida pelo autor do dano implicar, por sua natureza, risco para os direitos de outrem".

A abordagem aqui desenvolvida lastreia-se na formação de um modelo interpretativo que privilegie o princípio da dignidade humana, o qual deve nortear este modelo, tendo por base os demais princípios constitucionais, tais como o princípio do acesso à justiça e o da solidariedade social. Aliás, há de se concordar que o acesso à justiça é elemento e fração nuclear da dignidade da pessoa humana, primacialmente após o advento da Constituição Federal e da sua Emenda 45, de 8 de dezembro de 2004, que adicionou o inc. LXXVIII ao seu art. 5.º, trazendo para a lei Maior a cláusula do princípio fundamental à tutela jurídica efetiva.

Em suma, ter-se-á por objeto a responsabilidade civil daquele que conduz o veículo no momento do evento danoso, cingindo-o a uma análise específica desta atividade desenvolvida pelo condutor, abstraindo-se da responsabilidade civil fora desses casos, ou seja, daquela referente à responsabilidade do proprietário pelo fato de atividade desenvolvida por terceiros ou pelo fato da coisa, porquanto se referencie àquela responsabilidade dentro da perspectiva ontológica da teoria do risco, mormente a do risco criado, tal qual configurada na cláusula.

---

[15] PEREIRA, Caio Mário da Silva. *Responsabilidade civil*. Rio de Janeiro: Forense, 2002. p. 288.

Procurar-se-á inserir uma nuança jurisprudencial no sentido de se demonstrar que, mesmo após a vigência do novo Código, ainda assim os julgadores insistem na ideia de culpa, nos processos de reparação civil, para que a vítima resulte vitoriosa. Tal matiz vem inserir a proposta do novo Diploma de Direito Civil, que, contrastado com as decisões, de certa forma, dá a ideia da realidade do pensamento daqueles que julgam no Brasil.

Para tanto, preliminarmente, será traçado um breve roteiro histórico do instituto da responsabilidade civil, fundada na ideia de culpa, passando pela evolução doutrinária e jurisprudencial do instituto, até se chegar a mais nova concepção de responsabilidade, cujo âmago reside não mais no interesse daquele que vai indenizar, mas, primordialmente, daquele que deve ser indenizado, a vítima.

Sendo dessa forma, o trabalho reúne seis capítulos, dentre os quais, no primeiro, será tratada a incursão teórica do instituto ora estudado com fundamento na culpa, desde sua origem remota, a *lex aquilia*. No segundo capítulo, será demonstrado que a responsabilidade civil também pode decorrer onde não haja, necessariamente, "culpa" do agente causador do dano, e que a culpa não pode ser considerada, por si só, elemento da ilicitude. Já no terceiro capítulo, será observada a evolução dos conceitos da responsabilidade civil, donde se criou, mormente pela jurisprudência, mecanismos de facilitação dos meios de prova para o autor, como a inversão *opi legis* do ônus probatório, a bifurcação da responsabilidade conforme oriunda de descumprimento de uma obrigação, ou não, e, por fim, a sustentação, nos casos determinados por lei, da responsabilidade civil objetiva "pura". O quarto capítulo abordará o acesso à justiça como elemento do mínimo existencial, este sendo cláusula do princípio da dignidade da pessoa humana, devendo ser norte da interpretação da lei infraconstitucional, para que se estabeleça um processo realmente democrático no Judiciário. O quinto capítulo apresentará os paradigmas atuais para a construção de novos modelos interpretativos, como forma de fundamentar o objeto do presente estudo; e, por fim, o sexto capítulo procura cotejar as definições das várias modalidades de risco com as teorias que lhe deram supedâneo, sob o ponto de vista estudado no direito, com a opinião doutrinária sobre a teoria do risco mais apropriada à cláusula genérica ora estudada.

DA RESPONSABILIDADE CIVIL COM FUNDAMENTO NA CONDUTA CULPOSA DO AGENTE CAUSADOR DO DANO

Nos seus primórdios, a responsabilidade civil fundamentava-se na existência de conduta culposa do sujeito causador do dano, com respaldo no princípio *neminem leadere* – segundo o qual todos têm o dever genérico de não causar prejuízo a outrem –, configurando-se a necessidade da prova do dano, da respectiva ação ou omissão voluntária, do nexo causal entre a conduta e o resultado danoso e da conduta culposa do agente, ou seja, a ação proveniente de culpa, no seu sentido lato. Dessa maneira, "a culpa se referia ao dolo, consistente na intenção de ofender o direito ou prejudicar o patrimônio por ação ou omissão",[1] e à culpa, no seu sentido mais restrito, que seria a negligência ou imprudência do agente, determinante da violação do direito alheio ou que causa prejuízo a outra pessoa.[2]

Com isso a teoria tradicional da responsabilidade extracontratual, com esteio na culpa do agente, provém do direito romano clássico,[3] tendo por fonte remota a *lex aquillia*,[4] ano 286 a.C.,[5] daí se estendendo para o Código Civil da França de 1804, art. 1.382,[6] sob a influência de Domat e Pothier.

José de Aguiar Dias[7] observa que, com os estudos dos irmãos Mazeaud, a culpa aquiliana só fora conceptualizada no final da República,

---

[1] BEVILÁQUA, Clóvis. *Código dos Estados Unidos do Brasil*. Rio de Janeiro: Rio, 1958. p. 246.

[2] Ibidem.

[3] LIMA, Alvino. *Culpa e risco*. São Paulo: Revista dos Tribunais, 1999. p. 43.

[4] ARANGIO-RUIZ, Vicenzo. *Instituzioni di diritto romano*. Napoli: Casa Edritice Dott; Eugenio Jovene, 1997. p. 159.

[5] SARAIVA, Vicente de Paulo. *Expressões latinas jurídicas e forenses*. São Paulo: Saraiva, 1999. p. 159.

[6] LIMA, loc. cit.

[7] DIAS, José de Aguiar. *Da responsabilidade civil*. 11. ed. rev. e atual. de acordo com o Código Civil de 2002, e aumentada por Rui Berford Dias, Rio de Janeiro: Renovar, 2006, p. 57.

8 DA RESPONSABILIDADE CIVIL DO CONDUTOR DE VEÍCULO AUTOMOTOR

sob as influências das ideias gregas, não se tratando, como para muitos, da *lex aquilia,* a origem da responsabilidade civil fundada na culpa, ou seja, a noção de culpa não se continha na lei Aquilia, como elemento constitutivo do delito. Por outro lado, Caio Mário[8] ressalta a importância desta para o instituto, sendo, de fato, sua fonte remota.

A lei Aquilia, atribuída a um tribuno da plebe, Aquilio, continha três capítulos, sendo o primeiro e o terceiro o cerne da responsabilidade civil extracontratual.[9] O primeiro capítulo tratava da obrigação daquele que causasse a morte de um escravo de outro, assim como a de um animal vivo em rebanho, *pecus*; de outro turno, o terceiro, tratava da responsabilidade daquele que causasse dano a outrem por lesão a um escravo, sem, contudo, ceifar-lhe a vida ou pela destruição de um determinado bem – coisa inanimada. Portanto, no primeiro capítulo, a lei tratava da reparação dos danos ocasionados a um escravo de propriedade alheia e, até mesmo, a um animal em rebanho; no terceiro, da reparação dos danos infligidos a esses bens, sem, contudo, retirar-lhes a vida. Todavia, sobreleva ressaltar que o dano para ser objeto de ressarcimento não poderia resultar de um ato de direito, ou seja, tinha que resultar de ato sem direito, *injuria,*[10] como também *"Il danno previsto della lex aqília e soltanto quello arrecato corpore corpori: arrecato cioè com lo sforzo musculare Del delinquante allá cosa considerata nella sua strutura física."*[11] Assim, era necessário que houvesse contato corporal com a coisa danificada, não tendo aplicação a norma, caso se matasse o escravo, por exemplo, numa prisão, por falta de alimento, do mesmo modo que tal dano resultasse de um ato humano voluntário, decorrente de uma ação ou omissão.

A doutrina faz repousar nas contribuições de Domat e Pothier à origem do instituto da responsabilidade com culpa no Código Civil Francês, expandindo suas raízes por diversas legislações, inclusive a do Brasil, conforme estampado no art. 159 do Código de 1916 e art. 186, *caput,* c/c o art. 927, *caput,* do atual Código Civil.[12]

---

[8] PEREIRA, Caio Mário da Silva. *Responsabilidade civil.* Rio de Janeiro: Forense, 2002. p. 3.

[9] PETIT, Eugène. *Tratado elementar de direito romano.* Campinas: Russel, 2003. p. 614-616.

[10] Ibidem. p. 615.

[11] ARANGIO RUIZ, Vizenzo. *Instituzioni di diritto romano.* Napoli: Casa Edritice Dott; Eugenio Jovene, 1997. p. 375.

[12] DIAS, José de Aguiar. *Da responsabilidade civil.* 11. ed. rev. e atual. de acordo com o Código Civil de 2002, e aumentada por Rui Berford Dias, Rio de Janeiro: Renovar, 2006, p. 58.

DA RESPONSABILIDADE CIVIL COM FUNDAMENTO NA CONDUTA CULPOSA

Carvalho Santos define o instituto da responsabilidade civil pressupondo seus três elementos clássicos: ato ou omissão imputável ao réu da ação de reparação de danos; dano, por perda ou privação de ganho, e ato ilícito,[13] sintetizando que:

> Essencial para haver responsabilidade civil não é somente a imputabilidade; é preciso também que o fato seja culposo, isto é, contrário ao direito.
>
> A palavra culpa é empregada aí não no seu sentido restrito, mas no seu significado mais lato, abrangendo até o dolo.
>
> O nosso legislador, não se afastando da doutrina tradicional, conserva a responsabilidade civil com fundamento na culpa, provada ou presumida, não acolhendo a nova teoria da responsabilidade sem culpa, tal como querem Unger e outros juristas de não menor porte.

Para a doutrina prevalecente da época, a teoria subjetiva pressupõe quatro elementos, sendo três de índole objetiva e um de índole subjetiva, a saber: o ato humano voluntário, a culpa, caracterizada por essa ação que culminou na violação do dever genérico de cuidado, o dano e o nexo causal entre a conduta, ato ou omissão culposos e o resultado danoso. Agrega-se ainda um quinto elemento, que é a imputabilidade.

O art. 186 do novo Código Civil preceitua que, "aquele que, por ação ou omissão voluntária, negligência ou imprudência, violar direito e causar dano a outrem, ainda que exclusivamente moral, comete ato ilícito".

Trata o dispositivo legal da cláusula geral de responsabilidade com base na culpa do sujeito causador do dano, ao se referir expressamente à ação ou omissão voluntária, por negligência ou imprudência.

Clóvis Beviláqua lecionou que "desde que alguém, por culpa ou dolo, ofender o direito de outrem, rompe com a ordem jurídica, pratica um ato ilícito, deve repará-lo. Ato ilícito é, portanto, o que praticado sem direito, causa dano a outrem".[14]

Muitos autores defendem que a culpa deve ser apreciada de forma abstrata, ou seja, nesses casos não se avalia a conduta humana, tendo por perspectiva as condições pessoais do agente, mas sim, deve-se levar em conta a conduta média de um homem "normal", a conduta do *bonus pater famílias*.[15]

---

[13] SANTOS, J. M. Carvalho. *Código civil brasileiro interpretado.* 5. ed. Rio de Janeiro: Freitas Bastos, 1953. p. 320-321.

[14] BEVILÁQUA, Clóvis. *Teoria geral do direito civil.* Rio de Janeiro, 1980. p. 270.

[15] GONÇALVES, Carlos Roberto. *Comentários ao código civil.* São Paulo: Saraiva, 2003. v. 11, p. 299.

A culpa, então, é caracterizada como um desvio de conduta, avaliada de acordo com as regras gerais impostas aos homens prudentes ou avisados, cuja aferição deve ser feita por uma balança de conduta humana, para detectar o desvio do que comumente se faz, "da maneira como geralmente se procede", pelo que não encontrado o desvio de conduta explicitado, não é encontrado "o elemento vivificador dos demais requisitos da responsabilidade, deixando, consequentemente, o ato de ser ilícito".[16]

O dano, por sua vez, é elemento objetivo da responsabilidade civil, de sorte que, sem dano, não há que se falar em dever de reparar. Tal dano, pois, deve ser certo, isto é, fundado sobre um fato preciso, e não sobre uma base meramente hipotética; assim, deve se perquirir acerca de uma certeza, embora não matematicamente precisa, de sua ocorrência. Igualmente, além de certo, o dano deve ser atual, ou seja, o dano que existe ou já existiu ao tempo da ação de responsabilidade civil. Mas, convém-se esclarecer que a atualidade do dano não pode ser aceita sem restrições. Por exemplo, nos casos de radioatividade, a exposição prolongada a isótomos radioativos pode gerar toda ordem de lesões gravíssimas, cuja verificação pode ser diferida.[17]

Convém esclarecer que em doutrina se discute acerca da abrangência na conceituação do dano. Para alguns, conforme anota Carlos Roberto Gonçalves,[18] o dano só pode ser conceituado sob o ponto de vista restrito; outros o conceituam de forma ampla. Dessarte, na acepção restrita, só existe dano quando houver alguma perda de caráter patrimonial para a vítima, ou seja, quando houver lesão a um bem ou a um conjunto de bens corpóreos de alguém. Em outra vertente, existem aqueles[19] que defendem que o dano se caracteriza mesmo quando haja lesão aos direitos da personalidade, e não só quando haja lesão de cunho patrimonial.

Outro elemento objetivo da responsabilidade civil é o nexo causal. Dessa forma, existente a conduta culposa do agente causador do dano e o respectivo prejuízo, oriundo do dano, certo e atual, patrimonial ou não, cumpre-se indagar se tal conduta humana voluntária foi a causa do evento danoso, isto é, se houve entre uma conduta ilícita e o dano uma

---

[16] LIMA, Alvino. *Culpa e risco*. São Paulo: Revista dos Tribunais, 1999. p. 58.

[17] TOLOMEI, Carlos Young. A noção de ato ilícito e a teoria do risco na perspectiva do novo código civil. In: TOPEDINO, Gustavo (Coord.). *A parte geral do novo código civil*: estudos na perspectiva civil-constitucional. Rio de Janeiro: Renovar, 2002. p. 356.

[18] GONÇALVES, Carlos Roberto. *Comentários ao código civil*. São Paulo: Saraiva, 2003. v. 11, p. 276.

[19] BAPTISTA, Silvio Neves. *Teoria geral do dano*. São Paulo: Atlas, 2003. p. 81.

DA RESPONSABILIDADE CIVIL COM FUNDAMENTO NA CONDUTA CULPOSA   11

relação necessária de causa e efeito. Isso, porém, nem sempre é tão fácil de se constatar, na prática.

Duas teorias foram elaboradas para a facilitação da compreensão do nexo causal por parte do observador. Portanto, pela teoria da equivalência das condições, desenvolvida pela doutrina penal, cuja origem remonta a Von Buri,[20] é causa de dano toda e qualquer condição sem a qual o resultado não teria ocorrido.

O Código Penal Brasileiro, no seu art. 13, *caput*, estabelece que "O resultado, de que depende a existência do crime, somente é imputável a quem lhe deu causa. Considera-se causa a ação ou omissão sem a qual o resultado não teria ocorrido".

É de se perceber que tal teoria traz o inconveniente de se buscar infinitamente, de forma regressiva, uma causa para o resultado, chegando a um ponto de se considerar culpado para o resultado danoso em acidentes de veículos, por exemplo, o próprio fabricante do automóvel. Por isso o § 1.º, do art. 13, do referido Código, suaviza a teoria da *conditio sine quanon*, quando estabelece que "a superveniência de causa relativamente independente exclui a imputação quando, por si só, produziu o resultado; os fatos anteriores, entretanto, imputam-se a quem os praticou."

Segundo Caio Mário da Silva Pereira,[21] tal teoria vem em socorro da vítima, tentando resolver, na prática, o problema da relação causal, e tem o mérito da simplicidade.

Segundo a teoria da causalidade adequada, não são todas as condições equivalentes para a produção do resultado, mas a causa do resultado é aquela que se mostra mais adequada, ou mais apropriada,[22] à produção do evento danoso. É o que Caio Mário ensina como "dentre os antecedentes do dano, há que destacar aquele que está em condição de necessariamente tê-lo produzido".[23]

O nosso Código Punitivo adota a teoria da equivalência das condições, como dito, enquanto que, os códigos Civis de 1917 e de 2002, passaram a adotar a teoria da causalidade adequada, livrando-se de inconvenientes de técnica legislativa, como aquela operacionalizada pelo § 1.º do art. 13 do Código Penal.

---

[20] BITENCOURT, Cezar Roberto. *Manual de direito penal:* parte geral. São Paulo: Revista dos Tribunais, 1999. p. 217.

[21] PEREIRA, Caio Mário da Silva. *Responsabilidade civil.* Rio de Janeiro: Forense, 2002. p. 78.

[22] CAVALIERI FILHO, Sérgio. *Programa de responsabilidade civil.* São Paulo: Malheiros, 2002. p. 61.

[23] PEREIRA, Caio Mário. *Responsabilidade civil.* Rio de Janeiro: Forense, 2002. p. 80.

Outro elemento da responsabilidade civil é a imputabilidade. Sob o ponto de vista da responsabilidade subjetiva, é indispensável a imputação da conduta culposa ao causador do dano. Assim, para que se origine o dever de reparar, faz-se mister a imputação da conduta ao sujeito que a praticou.

Na doutrina penal, Eugênio Zaffaroni e José Pierangeli ensinam que, em sentido amplo, a imputabilidade é uma imputação física e psíquica, asseverando que nem a lei nem a doutrina a utilizam com tamanha amplitude. Em sentido estrito, consideram-na como "a capacidade de culpabilidade", tendo dois níveis: no primeiro, deve ser considerada como a capacidade de entender a ilicitude; no segundo, como a capacidade de adequar a conduta a esta compreensão.[24]

Carvalho Santos[25] já doutrinou que a obrigação de reparar o dano causado só existirá quando o ato possa ser atribuído a um sujeito que detiver a livre determinação de sua vontade ou a liberdade de querer, ficando, destarte, a responsabilidade civil dependente da capacidade.

O Professor Paulo Lôbo[26] pondera que a imputabilidade significa a aptidão para o papel de paciente da sanção de restituição ou reparação, observando que nem sempre o imputável é o agente causador do dano, como no caso do pai em relação ao dano causado por filho menor, e que, no direito tradicional, bem como na responsabilidade com culpa, a culpa é requisito imprescindível da imputabilidade, ou seja, o imputável ou o responsável é o culpado.

A imputabilidade pode ser considerada de duas formas: caracterizada por um conjunto de aptidões pessoais para que o autor do dano possa responder pelas consequências do seu ato, traduzido na capacidade de querer e de entender o caráter ilícito do ato, bastando para isso que o agente tenha higidez ou sanidade mental. Trata-se da imputabilidade subjetiva ou, como caracterizam outros, imputabilidade moral.[27] Outrossim, a imputabilidade pode ser observada sob o ponto de vista objetivo, como forma de atribuição da sanção de reparação a algum sujeito vinculado, de qualquer maneira,[28] a esta sanção.

---

[24] ZAFFARONI, Eugênio Raul; PIERANGELI, José Henrique. *Manual de direito penal*: parte geral. São Paulo: Revista dos Tribunais, 1997. p. 623.

[25] SANTOS, J. M. Carvalho. *Código civil brasileiro interpretado*. 5. ed. Rio de Janeiro: Freitas Bastos, 1953. p. 318.

[26] LÔBO, Paulo Luiz Netto. *Direito das obrigações*. Brasília: Brasília Jurídica, 1999. p. 135-136.

[27] LIMA, Alvino. *Culpa e risco*. São Paulo: Revista dos Tribunais, 1999. p. 45.

[28] Mesmo nos casos de responsabilidade subjetiva, o requisito da imputabilidade deve ser acatado *cum grano salis*, pois há casos em que o inimputável responderá com o

Por fim, vale ressaltar que o novo Código Civil, quando trata da responsabilidade por ato ilícito, em seu art. 186, exige a concomitância da violação do direito e do consequente prejuízo. Portanto, para exsurgir o dever de reparar, faz-se mister que, da violação do direito, exista um prejuízo, de caráter patrimonial ou extrapatrimonial, a ser reparado, ou compensado. Ao revés, o Código Beviláqua, em seu art. 159, previa no tipo da responsabilidade civil pela ilicitude por culpa a expressão "violar direito ou causar dano", dando a impressão de que a responsabilidade civil poderia existir sem que houvesse dano a ser reparado. Por isso, andou bem o legislador do novo diploma civil, o qual aperfeiçoou o conceito de ato ilícito por culpa.

---

seu patrimônio pelos prejuízos causados a outras pessoas. Dessarte, o Código Civil de 1916 não resolvia a questão da reparação de um prejuízo causado por um incapaz, quando o seu responsável não dispusesse de meios suficientes para assim proceder. O novo Código Civil resolveu a *quaestio juris*, determinando uma responsabilidade mitigada e subsidiária do incapaz, o que evidencia ainda mais o espírito social desse diploma, abeberando-se em princípios que privilegiam o bem comum, nestes termos: "O incapaz responde pelos prejuízos que causar, se as pessoas por ele responsáveis não tiverem a obrigação de fazê-lo ou não dispuserem de meios suficientes", artigo 928. "A indenização prevista neste artigo, que deverá ser equitativa, e não terá lugar se privar do necessário o incapaz, ou as pessoas que dele dependam", parágrafo único.

2

DA RESPONSABILIDADE CIVIL COM ETIOLOGIA NO RISCO DE CERTAS ATIVIDADES

A doutrina começou a enxergar que a culpa como elemento da responsabilidade civil, e quiçá da própria ilicitude, era insuficiente para fundamentação do dever de reparar. Destarte, Alvino Lima[1] chegou a afirmar a impossibilidade técnica de se considerar a culpa como elemento da responsabilidade civil, pois nem toda causa que gera o dever reparatório tem sua fonte remota na conduta faltosa do agente causador do dano e, da mesma forma, considerava que não deve a lesão ao direito alheio ser considerada elemento da culpa, pois, do contrário, toda violação a um direito seria culposa, o que não seria verdadeiro para o monografista.

Realmente, a causa do dever de reparar pode ter por base não só um ato ilícito culposo ou mesmo doloso. Pontes de Miranda[2] ensinou que existem mais atos ilícitos do que aqueles do qual provêm a obrigação de indenizar; da mesma sorte que existiam casos em que havia obrigação de indenizar sem ilicitude do ato ou de conduta. Assim, encarava a ilicitude jurisdicizante, ou seja, aquela que traria repercussão na órbita do direito, quando:

a) determinadora da entrada do suporte fático no mundo jurídico para irradiação da sua eficácia responsabilizadora (art. 159 do CC de 1916), atual 186;

b) para a perda de algum direito, pretensão ou ação (caducidade com culpa, como se dá com o pátrio poder [art. 395 e Código Penal, arts. 92, II, 136, 244 e 246, e. g.]), ou

---

[1] LIMA, Alvino. *Culpa e risco*. São Paulo: Revista dos Tribunais, 1999. p. 52-53.

[2] MIRANDA, Pontes de. Parte geral: bens, fatos jurídicos. In: _____. *Tratado de direito privado*. Atual. por Vilson Rodrigues Alves. Campinas: Bookseller, 2000. v. 2, p. 241.

16 DA RESPONSABILIDADE CIVIL DO CONDUTOR DE VEÍCULO AUTOMOTOR

c) infratora culposa de deveres, obrigações, ações ou exceções, tal como acontece com toda responsabilidade contratual;

d) nulificante (art. 145, I).

O dever de reparar, dessa maneira, pode defluir de ato ilícito *stricto sensu*, como dito; do fato ilícito *stricto sensu*; do ato-fato ilícito e até mesmo do fato lícito. Nesse sentido, o professor Silvio Neves Baptista[3] leciona que a responsabilidade decorrerá de um fato ilícito *stricto sensu*, toda vez que o sujeito se encontre obrigado a reparar por força maior ou caso fortuito, ou seja, mesmo que o sujeito não tenha obrado com culpa sua, o dever de reparar caracteriza-se como nas hipóteses do devedor em mora e do possuidor de má-fé, que respondem pelos danos ocasionados na coisa mesmo que eles se tenham originado de fatos necessários (novo Código Civil, arts. 399 e 1.218).

A responsabilidade civil, ou melhor, o dever de reparar, porém, pode resultar de fato lícito, ou seja, quando o agente ao qual é imputada a reparação obrou em conformidade com o ordenamento jurídico, persistindo o dever de reparar. Por exemplo, nos casos daquele que destrói coisa alheia ou lesiona a outra pessoa, a fim de remover perigo iminente, Código Civil, arts. 188, II, e 929[4].

A responsabilidade pode derivar ainda de um ato-fato ilícito. Genericamente, o ato-fato é todo ato que não foi querido pelo agente causador do dano, ou mesmo, se querido, a vontade do sujeito é irrelevante para o ordenamento jurídico, passando a irradiar eficácia, pois a ação entra no mundo jurídico como um mero fato jurídico, sem que fique presente a manifestação de vontade caracterizante de negócio jurídico ou atos jurídicos em sentido estrito. Nesses casos, encontram-se os casos de responsabilidade civil fundada na teoria do risco; donde exsurgir a imputabilidade que se estabelece entre a ocorrência do dano e o exercício de uma determinada atividade considerada perigosa.[5]

---

3 BAPTISTA, Silvio Neves. *Teoria geral do dano*. São Paulo: Atlas, 2003. p. 52-53.

4 Sillvio Neves Baptista exemplifica outras causas do dever de reparar com base em um fato lícito, a saber: nas obrigações de não fazer, o dano causado pelo credor que poderá desfazer o ato a cuja abstenção se obrigara o devedor (art. 251, parágrafo único); a obrigação do dono do prédio encravado que deve pagar indenização cabal ao vizinho que suporta o encargo da passagem forçada (art. 1.285); a obrigação daquele que em proveito agrícola ou industrial canaliza por intermédio de prédios rústicos alheios, águas que tem direito (art. 1.293 e seus parágrafos); e, apoiado em Pontes de Miranda, ainda cita exemplos como os da desapropriação e das requisições administrativas em tempo de guerra ou comoção intestina. *Ensaios de direito civil*. São Paulo: Método, 2006. p. 438 e 439.

5 BAPTISTA, Silvio Neves. *Teoria geral do dano*. São Paulo: Atlas, 2003. p. 5.

DA RESPONSABILIDADE CIVIL COM ETIOLOGIA NO RISCO DE CERTAS ATIVIDADES **17**

O ponto nodal da responsabilidade objetiva, com base no risco de certas atividades consideradas "perigosas" ou simplesmente de risco, é justamente o exercício dessa atividade, quando o agente o faz em seu próprio benefício, retirando daí vantagens, quer patrimoniais, quer não patrimoniais, isto é, vantagens proporcionadas pelo simples prazer, segurança, comodidade ou conforto.

Surgiu a responsabilidade civil objetiva da necessidade de livrar as vítimas das agruras da comprovação da conduta faltosa do propiciador do dano no processo de responsabilidade civil; contudo, não se trata de um instituto ultramoderno.

A responsabilidade civil subjetiva, já em seu nascedouro, fora alvo das investidas dos defensores ou partidários da teoria objetiva.[6] Por outro lado, mesmo no Brasil, ao comentar o Código de 1916, Carvalho Santos[7] já endossava o montante de críticas ao sistema objetivista. No entanto, a superveniência de variados fatores, como, por exemplo, o desenvolvimento do maquinismo, inclusive no campo da mecatrônica, assim como

> el progreso de la moderna vida económica y la creciente complicación de tráfico ha traído consigo la apreciación de muchos riesgos especiales que amenazan a todos los individuos, sin que éstos dispongan de protección suficiente,[8]

em que, aliado à multiplicidade dos veículos automotores, bem como o grande desenvolvimento populacional das grandes cidades, trouxe um aumento significativo de acidentes. Daí a premente necessidade de reformulação dos conceitos clássicos aos quais estão jungidas as teorias da responsabilidade civil com fundamento na culpa[9].

---

[6] Ibidem. p. 43,113-114,117.
[7] SANTOS, J. M. Carvalho. *Código civil brasileiro interpretado*. 5. ed. Rio de Janeiro: Freitas Bastos, 1953. p. 320-321.
[8] ENNECCERUS, Ludwing; NIPPERDEY, Hans Karl. *Tratado de derecho civil*. Trad. de Blas Pèrez Gonzàlez e José Alguer. 3. ed. Barcelona, 1981. t. 1, pt. general, 2. pt., p. 928.
[9] Roger Silva Aguiar discorda do fato de ter a responsabilidade civil objetiva surgido como derivação da responsabilidade civil subjetiva, diante das inovações tecnológicas ocorridas ao longo do século XIX. Para ele, os autores que assim sustentam esse ponto de vista não se lastreiam em pesquisa que tenha demonstrado a relação entre o aumento dos danos, ocorridos com o progresso tecnológico, e o consequente recrudescimento da propositura das ações indenizatórias e o desatendimento destas. Na verdade, segundo o escritor, muitos países que tiveram parco desenvolvimento tecnológico fizeram ingressar em seu sistema responsabilizatório o instituto da responsabilidade objetiva, enquanto que, outros países, com grande desenvolvimento industrial, foram morosos na instituição desse sistema. Teria sido então a necessidade de superação dos dogmas

18 DA RESPONSABILIDADE CIVIL DO CONDUTOR DE VEÍCULO AUTOMOTOR

Atento a tais nuanças reparatórias, o novel diploma de direito substantivo pátrio considerou como fontes do dever de reparar: o ato ilícito (art. 186), o ato derivado de ilicitude caracterizada pelo abuso de direito (art. 187), o fato ilícito no sentido estrito (a exemplo dos arts. 399 e 1.218) e o próprio fato lícito (arts. 188, II, 929 e 930).

Nesse sentido, segundo o atual ordenamento jurídico nacional, a obrigação de reparar o dano pode ter origem num ato ilícito no sentido estrito, ou seja, naquele onde o causador do dano tenha obrado com dolo ou culpa; num ato abarcado pela ilicitude no sentido amplo, fora do conceito clássico de ilicitude, esta originária de um ato praticado com abuso de direito ou originária do exercício de uma atividade implicadora de riscos aos direitos de outros (ato-fato ilícito); e, também, até mesmo, em um fato lícito, nos casos de estado de necessidade abarcados pelo art. 188, em seu inciso II, e pelos arts. 929 e 930, todos do novo Código.

---

do individualismo jurídico, regida pela diretiva da igualdade substancial, o novel do surgimento do instituto da responsabilidade objetiva, pois, a culpa, enquanto elemento da responsabilidade civil, passou a ser afastada porque não mais se harmonizava com o modelo novo de Justiça baseada na igualdade e não apenas na liberdade, conforme concebida pelo modelo da Justiça oitocentista (AGUIAR, Roger Silva. *Responsabilidade civil. A culpa, o risco e o medo.* São Paulo: Atlas, 2011. p. 22-26 e 32-38).

3

EVOLUÇÃO DOS CONCEITOS NO INSTITUTO DA RESPONSABILIDADE CIVIL

Visto que a vítima, nos casos de responsabilidade civil subjetiva, seria obrigada a provar além do dano, da conduta e do nexo etiológico entre eles, também a culpa do causador do dano, caso quisesse sair vitoriosa da lide, criou-se vários mecanismos de facilitação de prova. No entanto, tais ônus impostos aos vitimados iriam causar imensas injustiças, pois que, em muitos casos, tais comprovações mostravam-se impossíveis de serem realizadas.

Com essa preocupação, doutrina e jurisprudência evoluíram o conceito de responsabilidade civil, determinando tal responsabilidade não só por fato próprio, mas também por fato de outrem ou por fato de coisa, e, nesses casos, muitas vezes, invertendo o ônus da prova, em favor do vitimado, fazendo exsurgir verdadeira presunção de culpa daquele responsável por esses fatos (C.C de 1916, arts. 1.521, 1.527, 1.528, 1.529); isso porque toda responsabilidade consiste numa obrigação de reparar os danos ocasionados a outrem, quer direta, quer indiretamente, já que a pessoa não responde tão somente pelas consequências prejudiciais do fato próprio, senão também pelas consequências dos relativos às pessoas e/ou coisas que estão sob sua dependência ou guarda. Neste sentido, dispôs o Enunciado 341 da súmula do Supremo Tribunal Federal: "É presumida a culpa do patrão ou comitente pelo ato culposo do empregado ou preposto;" como também responsabilidades intrinsecamente semelhantes, no seu aspecto ontológico, com causas diversas.

Os conceitos refletidos numa legislação, em uma dada sociedade e em um dado tempo, não podem servir de parâmetro para sociedades outras, em outras regiões do planeta, ou até mesmo noutros tempos modernos ou "pós-moderno"[1], já que o Estado não comporta os ônus oriundos do

---

[1] SANTOS, Boaventura Sousa. *Pela mão de Alice*: o social e o político na pós-modernidade. São Paulo: Cortez, 2003. p. 93.

Estado-garantia, até por própria incompossibilidade fática, assim como por fenômenos sociais e políticos, com os quais, deve-se concordar com Boaventura, sofreu a degradação pelo processo de deflagração da "carnavalização da política", pelo que as metas sociais, a serem atingidas, se esvaiam na espera de atuação do Poder Público, que muito mais se prendia a uma maneira de manutenção da base governamental no poder.

Como será ponderado, a sociedade atual vive o clímax das relações jurídicas massificadas, nas quais as forças produtivas, cada vez mais massacrantes e fortes, contam com o advento da força da mídia para impingir aos consumidores, neste campo, os seus produtos, que circulam através de contratos minuciosos e com técnicas especiais, indigeríveis para a grande massa da população.

Em todos os campos de disciplinamento jurídico das relações sociais, observa-se o envolvimento das técnicas em detrimento do ser humano, e a evolução delas, deve-se fazer acompanhar da evolução dos seus próprios paradigmas. Observe-se, destarte, que os conceitos que hoje são hauridos como produtos de uma civilização moderna, já se encontravam predispostos em outros tempos e lugares arraigados no âmago de determinadas comunidades ou no senso de algumas pessoas, sendo incorporados lentamente de acordo com a evolução do pensamento do homem quanto às concepções de Estado e de Sociedade.

O episódio histórico de massacre e carnificina geral ocorrido no sertão da Bahia, de 1892 a 1897, retratado tão bem por Euclides da Cunha, em *Os Sertões*, [2] é um exemplo disso. Nesse sentido, contam o próprio Euclides[3] e Vargas Llosa[4], como representam em suas obras, que o Frei João Evangelista de Monte Marciano, a mando do Governo Federal e a convite do Arcebispo da Bahia, quedou-se diante das "heresias" propaladas pelo Conselheiro aos seus seguidores, entre as quais "o amor livre", "a eliminação da infame fronteira entre filhos legítimos e ilegítimos" e, por consequência, a desnecessidade da secularização do casamento para que produzam direitos a união de fato de um homem e uma mulher. Seria, então, a negação dos preceitos institucionalizados e de acordo com os ideais republicanos de outrora.

Observa-se, então, que tal entendimento estava disseminado na comunidade da nossa "vendeia", contudo, em descompasso com os princípios até então supremos de uma sociedade "pré-liberal" de outros tempos.

---

[2]   CUNHA, Euclides da. *Os sertões*. Rio de Janeiro: Francisco Alves, 1997.

[3]   Ibidem. p. 225-226.

[4]   LLOSA, Mario Vargas. *A guerra do fim do mundo*. Trad. de Remy Gorga Filho. São Paulo: Companhia das Letras, 1999. p. 65-66.

EVOLUÇÃO DOS CONCEITOS NO INSTITUTO DA RESPONSABILIDADE CIVIL   21

Hodiernamente, afigurar-se-ia despropositada qualquer argumentação em sentido contrário à jurisdicização da união de fato e da legitimidade da prole oriunda dessa união.

De fato, o Código Civil de 1916 fora projetado no período auge da república, de 1889 a 1916[5], e nos imperativos dos ideais individualistas reinantes na época, conceitos já em começo de decadência na própria Europa.

O *status quo* social da época não podia ser ameaçado, e a burguesia aristocrática, assim como a mercantil, confiava altos cargos públicos para a classe intelectual, a qual não detinha tanta "imparcialidade" na pré-figuração da formação da cadeia de pensamento do país. Tratou-se da era da sociedade voltada para a plena satisfação do liberalismo econômico.[6]

A sociedade vindoura deveria abarcar outros conceitos, inclusive já abraçados por outras legislações mais "avançadas", no que desaguaria no nosso atual Código de Direito Privado, que, para alguns, já nascera desatualizado.

Será falado, pois, sobre a evolução doutrinária e jurisprudencial em matéria de prova e do ônus da prova.

Nos casos de falta contratual ou extracontratual, observou-se a existência de responsabilidades, embora ontologicamente idênticas, ou seja, fundada na existência de violação de dever jurídico originário, mas com causas etiológicas diversas, assim aquelas baseadas numa culpa de índole contratual ou numa culpa de índole extracontratual ou aquiliana.

Nesse contexto, a culpa pode ser contratual ou extracontratual, determinando-se a partir do dever jurídico originado violado, ou seja, caso haja quebra de obrigação de índole contratual, diz-se que a responsabilidade exsurgida afigura-se obrigacional; ao revés, caso haja quebra de uma obrigação, cujo vínculo é originário da lei, e não também da vontade das partes, diz-se que a responsabilidade é extracontratual ou aquiliana.

Diferenciam-se, também, essas duas espécies de responsabilidade, na sua própria razão de existência, qual seja a de propiciar à vítima uma melhor acomodação probatória. Dessa maneira, se na responsabilidade aquiliana, ela necessita provar a conduta faltosa do causador do dano, na responsabilidade de índole contratual, tal conduta resta-se presumida pelo vínculo obrigacional existente entre os contratantes.

---

[5] GOMES, Orlando. *Raízes históricas e sociológicas do código civil brasileiro*. São Paulo: Martins Fontes, 2003. p. 25.

[6] Ibidem. p. 27.

22 DA RESPONSABILIDADE CIVIL DO CONDUTOR DE VEÍCULO AUTOMOTOR

Em sede de responsabilidade contratual, desprendendo-se do seu aspecto meramente ressarcitório, a evolução em seus paradigmas deu-se a passos largos.

Nos dias atuais, a simples culpa contratual sofreu grande ampliação em seu conceito; assim onde se buscava princípios jurídicos para supedanear o fiel cumprimento do contrato, tendo a autonomia da vontade servida de suporte para outros mais, como, por exemplo, o dos *pacta sunt servanda*, segundo o qual o contrato afigurava-se como princípio absoluto de "lei entre as partes", na mediada e nos limites da negociação, e do princípio da relatividade subjetiva,[7] através do qual a eficácia dos pactos cinge-se especificamente aos contratantes, passou-se a buscar o fiel cumprimento do contrato, mas atrelado à ideia de justiça material, pulverizando-o já agora com os princípios de índole social.

Os princípios de índole subjetivista, próprios da sociedade oitocentista, vêm sofrendo mitigação, mormente quando se trata de relação consumerista e, hoje, já em virtude do advento do novo Código Civil, com intuito de permeabilizar o direito contratual de novos princípios, já agora de índole social, próprios de uma sociedade de relações jurídicas massificadas, tais como o princípio da função social do contrato, pois, se a propriedade, como elemento estático da economia, deve observá-lo, com muito mais razão no que atine aos negócios contratuais, subsumidos como aspecto dinâmico da atividade econômica[8]; o da equivalência material dos pactos, ou seja, opera este princípio como balança de sopesamento das forças das partes numa dada relação jurídico-material; reequilibrando-as, caso necessário; e, por fim, o princípio da boa-fé objetiva, segundo o qual as partes devem observar a boa-fé como regra primordial de conduta social nas inter-relações humanas, importando conduta honesta, leal e correta ou, simplesmente, modelo ideal de conduta entre os contraentes ou, ainda, serve como arquétipo exemplar de conduta, a ser observada por aqueles.

Com isso, o princípio da boa-fé objetiva se expressa em nosso ordenamento, não como verdadeira cláusula geral, tal como consagrada pelo § 242 do BGB alemão,[9] porém, como princípio expresso, em razão do advento do nosso atual Código Civil e como conceito jurídico indeterminado, de acordo com o estabelecido no art. 51, IV, do Estatuto do Consumidor.[10]

---

[7] LÔBO, Paulo Luiz Netto. Princípios contratuais. In: _____; LYRA JÚNIOR, Eduardo Messias Gonçalves de (Coords.). *A teoria do contrato e novo código civil.* Recife: Nossa Livraria, 2003. p.11.

[8] Ibidem. p. 17.

[9] COSTA, Judhite Martins. *A boa-fé no direito privado.* São Paulo: Revista dos Tribunais, 2000. p. 249.

[10] Ibidem. p. 327.

EVOLUÇÃO DOS CONCEITOS NO INSTITUTO DA RESPONSABILIDADE CIVIL 23

Bem abalizado por nosso diploma substantivo, o princípio em comentário, ora se apresenta como cânone hermenêutico-integrativo, art. 113; ora como regra de criação de deveres jurídicos, art. 422, e, ora, como fonte limitadora de direitos, art. 187.[11]

Pois bem, hodiernamente, com tais princípios arraigados neste ordenamento jurídico, encabeçado pelo princípio da boa-fé objetiva, exsurge a ampliação do espectro da responsabilidade contratual, propiciando-se o surgimento da responsabilidade pré-contratual e pós-contratual, inclusive quando lastreadas em determinadas ações subsumidas *venire contra factum proprium*.

No campo da responsabilidade civil dos profissionais liberais, também esta se trespassou por superação dos seus conceitos clássicos; assim, esta, ainda hoje, é, de regra, subjetiva, segundo o disposto no art. 14, § 4.º, do Código de Defesa do Consumidor: "a responsabilidade pessoal dos profissionais liberais será apurada mediante a verificação de culpa". Porém, nos casos de responsabilidade dos médicos e dentistas, especialmente, em muitos casos, redunda incompossível a prova da culpa do agente, a qual se resta atribuída à vítima. Criaram-se, então, duas espécies distintas de obrigação desses profissionais perante seu cliente.

Houve, portanto, a bifurcação da obrigação desses profissionais tendo em vista o compromisso de se alcançar determinado fim, como conteúdo próprio do negócio jurídico operacionalizado entre os referidos profissionais da saúde e seus respectivos clientes, o que caracteriza a obrigação agnominada de resultado, ou não, o que caracteriza a obrigação agnominada de meio.

Haverá obrigação de meio "quando a própria prestação nada mais exige do devedor do que pura e simplesmente o emprego de determinado meio sem olhar o resultado",[12] caso o devedor se obrigue, por outro lado, a alcançar determinado fim, nascerá a obrigação de fim, sem o qual não terá cumprido o objeto de sua obrigação, o respectivo responsável.

Sobreleva notar que, com essa classificação, propiciou-se para a vítima uma melhor acomodação probatória, posto que nas obrigações em que se busca um determinado resultado, o profissional terá a obrigação, jungida ao próprio negócio realizado entre este e aquela, de alcançá-lo, sob pena de não ter dado cumprimento à prestação objeto desta obrigação. Nesse caso,

---

[11] LEAL, Larissa Maria de Moraes. Boa-fé contratual. In: LÔBO, Paulo Luiz Netto; LYRA JÚNIOR, Eduardo Messias Gonçalves de (Coords.). *A teoria do contrato e o novo código civil*. Recife: Nossa Livraria. p. 30-32.

[12] KFOURI NETO, Miguel. *Responsabilidade civil do médico*. São Paulo: Revista dos Tribunais, 2001. p. 168.

24 DA RESPONSABILIDADE CIVIL DO CONDUTOR DE VEÍCULO AUTOMOTOR

o cliente, uma vez não alcançado o resultado perseguido, não terá de provar a culpa deste profissional, ao revés, este é que terá de provar que não agiu culposamente, realizando a intervenção com todas as cautelas exigíveis para o caso, decorrendo daí verdadeira inversão do *ônus probandi*.

Em resumo, sendo a obrigação de resultado, basta ao lesado a demonstração da existência da relação contratual a qual estava obrigado o profissional ao seu integral e pontual cumprimento, assim como o seu não cumprimento, e, por via de consequência, a não obtenção do resultado esperado. De outro turno, na obrigação de meio, o lesado deve provar a conduta indiligente do profissional, ou seja, quer seja a responsabilidade contratual, quer delitual, desde que derivada de uma obrigação de meio,[13] o paciente lesado deve provar a culpa do profissional da área de saúde.

Os médicos e dentistas não podem obrigar-se a obter a cura de uma determinada doença, mas, quando se obrigam, por exemplo, a realizar uma cirurgia modeladora ou estética, para fins especificamente embelezadores, o resultado a se obter é primordial, dado a natureza dessa intervenção cirúrgica, como outras, a exemplo das intervenções bioquímicas, radiológicas, em análises clínicas[14] etc. Entrementes, é oportuno salientar que nem toda intervenção cirúrgica plástica se constitui em uma obrigação de resultado; assim é aquela chamada de estética. A obrigação assumida numa cirurgia plástica corretiva afigura-se como obrigação de meio.

Em tema de desenvolvimento dos conceitos envolvidos na sede da responsabilidade civil, impende-se salientar que, inclusive, nalguns países, como a Argentina, o tratamento jurídico nesta seara revela-se mais favorável à vítima, pois, como ensina Rui Rosado de Aguiar, por ter o médico uma gama de deveres e, entre eles, o de propiciar ao magistrado os elementos suficientes para desresponsabilizá-lo, deve ele, então, arcar com o peso da prova de que agiu diligentemente, numa verdadeira inversão do ônus da prova em favor da vítima, trata-se do princípio da carga probatória dinâmica conforme preconizado pelo autor.[15]

No Brasil, a doutrina[16] vem admitindo a teoria da carga dinâmica da prova nos processos, fora dos modelos de distribuição do ônus da prova,

---

[13] AGUIAR JÚNIOR, Rui Rosado de. Responsabilidade civil do médico. In: TEIXEIRA, Sálvio de Figueiredo (Coord.). *Direito e medicina:* aspectos jurídicos da medicina. Belo Horizonte: Del Rey, 2000. p. 140.

[14] KFOURI NETO, Miguel. *Responsabilidade civil do médico.* São Paulo: Revista dos Tribunais, 2001. p. 169.

[15] AGUIAR JÚNIOR, Rui Rosado de. op. cit., p. 51, 147-148.

[16] CAMBI, Eduardo. *A prova civil:* admissibilidade e relevância. São Paulo: Revista dos Tribunais, 2006. p. 340.

EVOLUÇÃO DOS CONCEITOS NO INSTITUTO DA RESPONSABILIDADE CIVIL **25**

cuja regra essencial repousa no art. 333 do Código de Processo Civil, bem como fora da técnica empregada pelo legislador no art. 6.°, VIII, do Código de Defesa do Consumidor. Por isso, vem-se entendendo que a técnica tradicional de distribuição do ônus da prova não atende adequadamente à tutela do bem jurídico coletivo e se preocupa mais com a decisão do caso concreto do que efetivamente com a tutela do direito lesado ou ameaçado de lesão,[17] ou seja, preocupa-se mais com a forma do que com a finalidade do direito que é a tutela jurídica efetiva dos bens.

Toda essa fundamentação é decorrente do pressuposto evidente da tutela jurisdicional efetiva, com base nos princípios da litigância de boa-fé, da solidariedade e da isonomia; isso porque a distribuição dinâmica da prova promove um equilíbrio entre as partes, mesmo naqueles casos em que se não pode aviltar o preceito do Código Consumerista por inexistir, em certos casos, relação da espécie ou porque o próprio estatuto consumerista impede a aplicação da inversão, nos moldes da teoria objetivista, como são os casos, por exemplo, dos profissionais liberais, não obstante a natureza de consumo da relação jurídica em que estão envolvidos com os consumidores. Igualmente, a teoria da carga dinâmica vem em socorro do direito e com respaldo, é óbvio, nos princípios sociais abarcados pelo ordenamento jurídico brasileiro, mormente após a entrada em vigor da Carta Constitucional de 1988.

Trata-se de uma visão solidarista do processo probatório, que deve se sobrepor à visão individualista de outrora, o que exige um magistrado com maiores poderes em busca do fim precípuo da justiça, que é o direito em si e por si mesmo.

Nesse sentido, vale transcrever alguns julgados paradigmáticos:

Responsabilidade civil – Médico – Clínica – Culpa – Prova. 1. Não viola regra sobre a prova o acórdão que, além de aceitar implicitamente o princípio da carga dinâmica da prova, examina o conjunto probatório e conclui pela comprovação da culpa dos réus. 2. Legitimidade passiva da clínica, inicialmente procurada pelo paciente. 3. Juntada de textos científicos determinada de ofício pelo juiz. Regularidade. 4. Responsabilização da clínica e do médico que atendeu o paciente submetido a uma operação cirúrgica da qual resultou a secção da medula óssea. 5. Inexistência de ofensa à lei e divergência não demonstrada, Recurso especial não conhecido.[18]

Negócio jurídico bancário – Ação de revisão de contrato – Juntada dos documentos celebrados entre as partes – ônus da prova – Distribuição

---

[17]   Ibidem. p. 340-341.
[18]   STJ, 4ª turma, REsp 69.309 SC, Rel. Rui Rosado de Aguiar, j. 18.06.1996, DJU 26.06.1996, p. 29.6.888.

dinâmica da carga probatória. Deixando, o autor, de trazer aos autos o contrato objeto da ação revisional, e postulando seja determinado à instituição financeira que o forneça, pode, o decisor, assim ordenar, distribuindo o ônus da prova de modo a viabilizar o exame do pedido. Aplicabilidade, *in casu*, da teoria da carga probatória dinâmica, segundo a qual há de se atribuir o ônus da prova aquele que se encontre no controle dos meios de prova e, por isto mesmo, em melhores condições de alcançá-la ao destinatário da prova.[19]

Outro importante instituto criado pela doutrina, e desenvolvido pela jurisprudência, como forma de angariar para os processos de responsabilidade civil, num campo também muito tormentoso, a facilitação dos meios de prova em favor da vítima, fora o da "culpa contra a legalidade".

No exercício de certas profissões, cujas condutas de seus respectivos profissionais são amplamente disciplinadas ou até mesmo no exercício de certas atividades desenvolvidas pelo homem, como, por exemplo, a de condução de veículo automotor, cuja regulamentação mostra-se da mesma forma minuciosa, o simples fato da não observância de alguma dessas regras regulamentares, advindo daí danos para terceiros, gera a presunção de culpa do agente causador do dano. Diz-se que a culpa revela-se *in re ipsa* da simples inobservância do regulamento, ou melhor, é a culpa que deriva inexoravelmente das circunstâncias em que ocorreu o fato danoso,[20] passando-se a configurar verdadeira inversão da carga probatória em favor das vítimas. Outrossim, trata-se de supedâneo da teoria segundo a qual considera que "a simples inobservância de regra do Código de Trânsito serve para configurar a culpa do motorista, sem necessidade de outras indagações;"[21] em conclusão, só o fato de transgressão de norma regulamentar materializa uma determinada culpa *tout court*.

A culpa contra a legalidade não vem sendo levada a cabo pela jurisprudência brasileira, uma vez que, mesmo nessas ocasiões, exige-se a comprovação dos elementos do dever de reparar, não se prestando a simples quebra da regra, isolada nos autos, para configurar, *ipso facto*, a culpa do seu infrator.

Diante da evolução dos elementos envolvidos no conceito de responsabilidade civil, observa-se a evolução dos conceitos sociais que foram,

---

[19] TJRS, 7ª Câm. Civ., AI 70011691219, Rel. Des. Jorge Luis Dall Agnol, j. 20.05.2005.

[20] CAMBI, Eduardo. *A prova civil:* admissibilidade e relevância. São Paulo: Revista dos Tribunais, 2006. p. 147-148.

[21] GONÇALVES, Carlos Roberto. *Responsabilidade civil.* São Paulo: Saraiva, 1995. p. 593.

EVOLUÇÃO DOS CONCEITOS NO INSTITUTO DA RESPONSABILIDADE CIVIL **27**

an passant, inseridos no tratamento processualístico da responsabilidade subjetiva.

Atualmente, podemos afirmar que o nosso ordenamento jurídico consagra a responsabilidade civil subjetiva como regra geral, novo Código Civil, art. 927 *caput*, c/c o seu art 186; entretanto, associada à concepção de responsabilidade objetiva, quer quando a lei assim determinar, quer quando a atividade normalmente desenvolvida pelo autor do dano implicar riscos, por sua natureza, aos direitos de outrem, posição esta que encontra amparo no parágrafo único, última parte, do art. 927 do Código Civil.

Cabe, todavia, tecer ainda algumas considerações acerca da responsabilidade objetiva dentro dos parâmetros expressamente autorizados pelo legislador.

A doutrina aponta o art. 26 do Decreto nº 2.681, de 7 de dezembro de 1912, como sendo o primeiro diploma de lei a invocar a teoria da responsabilidade civil com apoio na teoria do risco, naqueles casos em que as estradas de ferro são responsabilizadas, independentemente de culpa, pelos danos causados aos proprietários de terrenos marginais decorrentes de sua exploração.

Da mesma forma, são encontrados outros casos já previstos em lei, como, por exemplo, aqueles enumerados pelos arts. 1.208 e 1.529 do Código Beviláqua. O primeiro determinava a responsabilidade independentemente da perquirição de culpa do proprietário de prédio, pelos danos decorrentes de coisas que dele foram lançadas. Corresponde ao atual art. 938. O segundo previa a responsabilidade objetiva do locatário pelo incêndio no prédio, salvo a prova de caso fortuito, força maior ou vício de construção, ou que até mesmo o incêndio tivesse origem em prédio vizinho.

O novo Código Civil, da mesma maneira, estatui que a responsabilidade civil do dono, ou detentor de animais, por danos ocasionados por estes, será objetiva, ou para outros, subjetiva com inversão de culpa, só fazendo exqui-lo da sua responsabilidade a prova de culpa exclusiva da vítima ou fato oriundo de força maior (art. 936).

Da mesma forma, é objetiva a responsabilidade quando a ação tiver por objeto acidentes de trabalho. Tal regra veio estampada desde o Decreto nº 3.724/1919; que foi moldado pelo Decreto nº 24.637/1934, assim como o Decreto-lei nº 7.036/1944, seguido da Lei nº 5.316/1967, tendo sido esta regulamentada pelo Decreto nº 2.172/1997. Cabe observar, contudo, que a responsabilidade para a indenização de danos, oriundos de acidentes de trabalho, é fundada na teoria do risco integral, na qual só haverá exclusão do nexo causal nos casos de dolo do obreiro. Entretanto, além

28 DA RESPONSABILIDADE CIVIL DO CONDUTOR DE VEÍCULO AUTOMOTOR

dessa indenização, de caráter tarifário, e que deve ser exigida diretamente do INSS, o empregado faz jus ainda a indenização, com caráter ilimitado, que deve ser exigida diretamente do patrão em casos de dolo ou culpa de sua parte, conforme preconiza a nossa Lei Maior.

Com a Lei nº 6.194/1994 se instituiu o seguro de responsabilidade civil obrigatório que tem por fundamento, obviamente, a responsabilidade objetiva. Na verdade, tal seguro corresponde a um seguro social, e não a um seguro de responsabilidade civil propriamente dito do proprietário do veículo.

Da mesma maneira, o Código de Mineração (Decreto-lei nº 227/1967) determina que o explorador da lavra responda, independentemente da averiguação de culpa, pelos danos oriundos a terceiros decorrentes direta ou indiretamente da exploração da mesma.

A doutrina vem entendendo que a responsabilidade do causador dos danos ao meio ambiente é objetiva[22] e fundada na teoria do risco integral (CF, art. 225 e seu § 3.º c/c a Lei nº 6.938/1981). Entrementes, pode-se afirmar, realmente, ainda que de acordo com o art. 21, XXIII, "c", da nossa Constituição Federal, a responsabilidade civil dos causadores dos danos nucleares é objetiva, e, da mesma forma, baseada no risco integral.

O Código Brasileiro de Aeronáutica – Lei nº 7.565/1986 – determina que a responsabilidade da aeronave pelos danos causados a terceiros que se encontram na superfície é objetiva.

A Constituição Federal, no art. 37, § 6.º, preceitua que "as pessoas jurídicas de direito público e as de direto privado prestadoras de serviços públicos responderão pelos danos que seus agentes, nessa qualidade, causarem a terceiros, assegurando o direito de regresso contra o responsável nos casos de dolo ou culpa", dando entendimento da adoção da teoria objetiva para esses casos.

Também não se pode olvidar a responsabilidade adotada pelo Código de Defesa do Consumidor, Lei nº 8.078/1990, nas relações jurídicas de consumo.

Com a estrutura dada ao Código de Defesa do Consumidor, esvaiu-se a clássica distinção da responsabilidade contratual e responsabilidade extracontratual, pelo que nas relações consumeristas a responsabilidade do fornecedor do bem de consumo passou a ser objetiva fundamentada na teoria do risco-proveito. É o que preceituam os arts. 12, 14, 18, 19 e 20 da referida Lei, que tratam da responsabilidade civil do fornecedor pelo

---

[22] ALBUQUERQUE, Fabíola Santos. A responsabilidade civil e o princípio do poluidor-pagador. *Revista da Esmape*. Recife: Bagaço. v. 4, n. 9, p. 172, jan./jun. 1999.

EVOLUÇÃO DOS CONCEITOS NO INSTITUTO DA RESPONSABILIDADE CIVIL   **29**

fato e pelo vício do bem de consumo, ou seja, dos produtos e serviços postos em circulação no mercado.

O vigente Código Civil determina, ainda, que será objetiva a responsabilidade dos pais, pelos filhos menores; do tutor e curador, pelos pupilos e curatelados; do empregador ou comitente, pelos empregados, serviçais e prepostos, no exercício do trabalho que lhes competir ou em razão dele; dos donos de hotéis, hospedarias, casas ou estabelecimentos, pelos seus hóspedes, moradores e educandos (art. 933). Dessarte, nesses casos, nos quais caminhava a jurisprudência estabelecendo a presunção de culpa em favor da vítima, ante a ausência de regra semelhante no Código Civil de 1916, a responsabilidade passa a existir independentemente da comprovação de culpa por parte da vítima, portanto, também nos casos da responsabilidade transubjetiva, adota-se, já agora, o conceito de risco para fundamentar o dever de reparar do responsável pela indenização.

Por fim, a Lei nº 10.671/2003, o agnominado estatuto do Torcedor, também prevê a responsabilidade objetiva, nos seus arts. 14 e 19, *in verbis:*

> Sem prejuízo do disposto nos artigos 12 a 14 da lei nº 8.0078, de 11 de setembro de 1990, a responsabilidade pela segurança do torcedor em eventos esportivos é da entidade de práticas esportivas detentora do mando de jogo e de seus dirigentes, que deverão (...).

> As entidades responsáveis pela organização da competição bem como seus dirigentes respondem solidariamente com as entidades de que trata o artigo 15 e seus dirigentes, independentemente da existência de culpa, pelos prejuízos causados a torcedor que decorram de falhas de segurança nos estádios ou na inobservância do disposto neste capitulo.[23]

---

[23] EDITORIA Jurídica da Editora Manole. *Leis do esporte e estatuto do torcedor anotados*. São Paulo: 2003. p. 103-106.

O PRINCÍPIO DO ACESSO À JUSTIÇA COMO PRECEITO DE DEMOCRATIZAÇÃO DAS REGRAS JURÍDICAS

Neste espaço será trabalhada a evolução dos conceitos sociais arraigados no direito, bem como em cotejo com um novo paradigma interpretativo, a importância da verticalização democrática no Poder Judiciário, mormente por seu "intérprete autêntico", o Juiz, cuja importância maior é a de sobrelevar o homem dentro da sua órbita ontológica, fazendo com que prevaleça o Princípio da Dignidade da Pessoa Humana, fundamento da República Federativa do Brasil, art. 3.º, II, da Constituição Federal, nas relações jurídicas patológicas, verdadeiro epicentro axiológico da ordem jurídico-constitucional brasileira.

4.1 DA EVOLUÇÃO DOS PRINCÍPIOS JURÍDICOS ARRAIGADOS NOS CONCEITOS SOCIAIS

A evolução dos conceitos sociais envolvidos no direito e, por assim se dizer, amalgamados pelos princípios jurídicos, deitou pujança na evolução do pensamento ocidental. Dessa maneira, o homem como fator de criação do direito e destinatário das normas, ao mesmo passo, enxerga sempre mais adiante com o passar dos tempos.

Antes da concepção do Estado, entendido este como o agente regulador das condutas do homem e fornecedor das condições de sobrevivência dele, imperava para o próprio homem os seus instintos mais comezinhos de sobrevivência, estes o faziam criador da desordem e da balbúrdia reinante numa dada comunidade, pois o ser humano, em seu estado bruto "de natureza", não se faz respeitar uns aos outros, tampouco as fragilizadas normas constituídas entre eles. Então se estaria num estado

32 DA RESPONSABILIDADE CIVIL DO CONDUTOR DE VEÍCULO AUTOMOTOR

bruto da concepção organizacional de uma comunidade, ou seja, para Hobbes, estado da natureza.

Para que se preservem os mínimos preceitos de respeito e determinação dos direitos de outrem, mister se faz a consolidação de um poder político-jurídico hegemônico, qual seja o Estado, regulador de todas as situações de condutas humanas e agente subsidiador da ordem e do respeito dos direitos naturais dos integrantes desse Estado. Nasce, então, a concepção, pelo menos sob a ótica contratualista do Poder Soberano, a sociedade civil, o Estado.[1]

O Estado, nesse diapasão, confere todas as garantias para a manutenção da ordem pública, que, para isso, não prescinde do seu Poder Soberano. Poder este efetivado não só em relação aos seus súditos, mas também em relação aos demais entes soberanos. Para isso, o Estado, a Nação, cria seu próprio corpo de leis que deve ser prescrito aos seus súditos e àqueles que nele estejam em domicílio, e que deve ser respeitado pelos Estados estrangeiros e por seu povo, pois o respeito dos entes estatais alienígenas às leis de uma determinada Nação concretiza o princípio da soberania de um ente e do seu povo.

Alguns escritores veem em *O Príncipe*, de Maquiavel, a primeira referência à palavra Estado, tal como concebido modernamente. Assim, segundo o Chanceler de Florença, "todos os Estados, os domínios todos que existiram e existem sobre os homens, foram e são repúblicas ou principados".[2] No entanto, segundo Noberto Bobbio, Maquiavel já se utilizava de expressão conhecida.[3]

A concepção de Estado, do tipo ocidental, de Hobbes a Hegel, de fato, não ultrapassou, em seus matizes, a origem da concepção do início do contratualismo. Hobbes o via como instituição política posterior à fase da sociedade civil, ou da natureza, enquanto Rousseau o via como uma organização posterior ao estado da natureza, mas também posterior à sociedade civil, sendo esta de índole pré-contratual, chamada por ele de "estado de corrupção", onde prevalece o poder do mais forte sobre o mais fraco, do mais rico sobre o menos rico, para que, só depois, através do contrato social, se funde a República (Estado). Por seu turno, Hegel, entendia que a sociedade civil tratava-se de indício do próprio Estado,[4]

---

[1] HOBBES, Thomas. *Leviatã, ou, a matéria, forma e poder de um estado eclesiástico e civil.* Trad. Rosina D'Angina. São Paulo: Ícone, 2000. p. 123-126.

[2] MACHIAVELLI, Nicolò. *O príncipe.* Trad. Deocleciano Torrieri Guimarães. São Paulo: Rideel, 2003. p.13.

[3] BOBBIO, Norberto. *Estado, governo e sociedade:* para uma teoria geral da política. Trad. Marco Aurélio Nogueira. Rio de Janeiro: Paz e Terra, 2004. p. 65.

[4] Ibidem. p. 48-49.

O PRINCÍPIO DO ACESSO À JUSTIÇA COMO PRECEITO DE DEMOCRATIZAÇÃO   33

sua *ratio cognoscendi,* sendo o Estado que fundamenta a sociedade civil e a família, tendo no monarca sua expressão maior, que realiza a Constituição.

Com base neste entendimento, o Estado parecia estar ligado a uma concepção da "felicidade humana", embora sem conotação necessariamente eudemonológica, caso não se queira dizer da felicidade da classe social ascendente, a burguesia. Assim, para os contratualistas, bem como para muitos dos escritores da "era das luzes", afigurados pelo iluminismo, o Estado era o ente que devia ser concebido por um contrato entre os membros da sociedade, no intuito de que ele provesse o bem-estar destes, garantindo-os em seus direitos mais naturais, como a liberdade e a propriedade, nascendo, assim, a teoria liberal.

Observe-se que, ainda em Maquiavel, já se tratava de um Estado que primasse pela liberdade dos seus súditos, entendidos como integrantes da burguesia, através da prática democrática, dizendo que o poder baseia-se no consentimento "do povo", que constrói, dessa forma, um Estado moderno e unitário, o Estado absoluto, que nasce de uma moral nova, imanente, mundana do homem que constrói este Estado, com isso fomentando uma conceptualização de fundamento da ciência política pura, e não de moral, o que retrata a outra "personalidade" de Maquiavel, já agora esculpida nas linhas da sua obra *Discursos sobre a primeira década*, de Tito Lívio, o que contradiz o que ele vem a escrever posteriormente.[5] Todavia, a concepção moderna de Estado só vem a ser delineada verdadeiramente com Jean Bodin e Hobbes, aproveitando-se das concepções maquiavélicas de como se constrói o Estado.[6]

Com o surgimento deste ente forte e abstrato, monopolizador do direito, nasce o primado da política sobre o primado econômico, tal qual adotado pelo regime feudal e sobre o primado ideológico-religioso. O Estado pós-medievo surgira em virtude da ascensão da classe burguesa, cujos ideais libertários desaguavam na doutrina do liberalismo econômico, o qual viciava toda a ordem e, inexoravelmente, o direito.

Ao nascer do século XX, urgia a sociedade por justiça. A malfadada igualdade formal, dogma do liberalismo, tende a ser posta em discussão. O Estado passa a ser um mal necessário, para uns, e um mal não necessário, mais precisamente, para aqueles de índole socialista utópica e anarquista. O Estado e o direito são o meio de realizar o escopo da burguesia, ao passo que o trabalhador, como de resto toda a sociedade,

---

[5]   GRUPPI, Luciano. *Tudo começou com Maquiavel:* as concepções de estado em Marx, Engels, Lenin e Gramsci. Trad. Dário Canali. Porto Alegre: L & PM, 1980. p. 11.

[6]   Ibidem. p. 12.

34 DA RESPONSABILIDADE CIVIL DO CONDUTOR DE VEÍCULO AUTOMOTOR

passa a pré-figurar numa camada social escravizada pelo consumo e pela classe em ascensão.

Vem a construção de um Estado social, com a visão reestruturante e intervencionista, na busca de assegurar aos seus membros o acesso aos bens da vida. Aliás, o seu nascimento ocorreu já com o seu desgaste, devido ao processo de anomia constitucional verificado por uma política econômica e social que asfixiava o direito e, sobretudo, o direito constitucional, de onde surgiu a concepção neoliberal de pós-modernidade.

A morosidade da Justiça e o fraco complexo de normas que promovam uma maior legitimidade jurídica e, por consequência, maior inserção social, deixa enfraquecido o modelo de Estado até então preconizado, que de uma hora para outra deixa de ser mínimo, para ser o seu próprio oposto, com o movimento da ditadura de um proletariado organizado em classe forte, para se transfigurar em um tipo de Estado máximo.

Em meio à crise do Estado, urge a sociedade por direitos e por uma maior verticalização democrática em todos os setores sociais. Na relação de *input* e *output*, entre a sociedade de um lado, lugar de onde brotam as demandas sociais, e o Estado, de outro, onde se deve, ou se deveria, equacionar tais demandas, manifesta-se quedado este ente soberano com a impossibilidade prática de solução de tais questões. Hodiernamente, as Constituições dos países democráticos do ocidente criam o "Estado Democrático de Direito", como contrapartida ao Estado de Direito dos liberalistas. Assim, o direito, hoje, cresce em meio às vicissitudes sociais de uma maior conscientização da coletividade dos seus próprios direitos e deveres. Os princípios jurídicos de outras épocas, os quais guarneciam os direitos de índole subjetivistas, tendem a se socializar, pois, do contrário, o Estado não porá barreiras àquele *homo homini lupos*, egoísta e sempre egocêntrico, já descrito por Hobbes.

O Estado, em suma, segundo Luis Roberto Barroso,[7] tem sua história dividida em três fases. A primeira delas é representada pelo Estado pré-moderno (Estado liberal); a segunda, pelo estado moderno (Estado social); e a última, pelo Estado pós-moderno (Estado neoliberal). Assim, para o autor, a concepção pós-moderna de Estado visa tão somente abarcar o desprestígio do constitucionalismo em geral que o vê como um obstáculo ao desmonte do Estado social, acreditando que o projeto

---

[7] BARROSO, Luis Roberto. Fundamentos teóricos e filosóficos do novo direito constitucional brasileiro: pós-modernidade, teoria crítica e pós-positivismo. In: _____ (Org.). *A nova interpretação constitucional:* ponderação, direitos fundamentais e relações privadas. Rio de Janeiro: Renovar, 2006. p. 11.

O PRINCÍPIO DO ACESSO À JUSTIÇA COMO PRECEITO DE DEMOCRATIZAÇÃO **35**

da modernidade não se consumou no direito constitucional, por isso não pode "ceder passagem".

De fato, isso, de regra, na ordem jurídica, não pode prosperar, muito mais pelos valores agregados à Carta Política de 1988 a qual reflete a construção, pelo menos sob o prisma da ordem jurídica, de um Estado Democrático de Direito.

O sentido a ser dado pela concepção da ordem jurídica deve se alhear da crise que envolve a pós-modernidade – em que se fala em desconstitucionalização, delegificação, desregulamentação etc. – no sentido de se enfocar a modernidade não ultrapassada pelo direito, como esclarecido anteriormente.

4.2 DEMOCRACIA SUBSTANCIALIZADA: PARA UMA MAIOR VERTICALIZAÇÃO NO DIREITO

Conceituar o termo "democracia" não é tarefa das mais fáceis. Seria a democracia realmente o governo de todos? Dessa forma, a sua contrapartida seria a ditadura, termo este que vem se popularizando para designar como o contraposto do termo democracia?

Alerta Bobbio que a expressão "ditadura", tal como hodiernamente é concebida, nada tem a ver com o seu sentido etiológico. Segundo ele, em Roma, por volta de 500 a.C., até o final do terceiro século antes de Cristo, um determinado Cônsul romano elegia um *"dictator"*, para que em tempo de guerra ou de grandes insurreições tivesse amplos poderes, abaixo do Estado Romano, para remediar a crise. Portanto, era, de fato, um poder legítimo, absoluto, contudo, temporal, uma vez que extinta a causa da sua instauração, esvaía-se.[8]

Desde os grandes filósofos gregos como Platão e Aristóteles, o termo democracia, tinha um sentido, até certo ponto pejorativo, concebida como "governo dos pobres", sendo considerada a pior forma de governo. Dessa arte, Platão concebia a monarquia, governo de um, melhor que a democracia, esta como governo de muitos, governo pior, na não ausência de lei.[9]

Aristóteles, por sua vez, considerava a monarquia, que era entendida como o governo de um, e o governo de muitos. Este se subdividia em

---

[8] BOBBIO, Norberto. *Estado, governo e sociedade:* para uma teoria geral da política. Trad. Marco Aurélio Nogueira. Rio de Janeiro: Paz e Terra, 2004. p. 159.

[9] RUSSELL, Bertrand. *História do pensamento ocidental*: a aventura das ideias dos pré-socráticos a Winttgenstein. Trad. Laura Alves e Aurélio Rabello. Rio de Janeiro: Ediouro, 2002. p. 86-87.

36 DA RESPONSABILIDADE CIVIL DO CONDUTOR DE VEÍCULO AUTOMOTOR

democracia, considerada por ele, governo dos pobres, e a *politeia*, governo de muitos, mas não dos pobres, a forma boa de governo.[10]

Historicamente, considerou-se a forma de democracia direta dos gregos, sob a forma de *referendum*; do governo do povo, exercida por seus delegados, e o governo assemblear, no qual discutiam os cultos as propostas e as colocavam para análise popular.

Segundo Bobbio, deve-se a Aléxis de Tocqueville, no primeiro volume de sua obra *A democracia na América*, a consagração do novo modelo de democracia dos modernos contraposta à democracia dos antigos. Surge, assim, a democracia americana, República, em contraposição à democracia direta dos antigos.[11]

De fato, o liberalismo teórico em muito contribuiu para a evolução do pensamento democrático. Todavia, urge esclarecer que democracia tem a ver com liberdade, fulcrada no ponto de apoio do seu fundamento, ou seja, a legitimidade, que sucedânea o Poder Político. Portanto, como bem esclarece Manoel Gonçalves Ferreira Filho,[12] a liberdade dos antigos pressupunha a participação nas decisões políticas, enquanto que a liberdade dos "modernos", a autonomia da conduta individual, distinção esta atribuída a Benjamin Constant, em famoso discurso proferido no Ateneu de Paris, em 1819, conforme lembrado por Eugênio Facchin Neto.[13]

O Poder, contudo, necessitava de limites, fielmente traçados no pacto entre os súditos. Trata-se da ideologia do constitucionalismo. Portanto, embora absoluto, inviolável e sagrado, o Poder Soberano, para Rousseau, não pode passar dos limites traçados pelas convenções gerais, e todo homem pode dispor plenamente de tudo que lhe foi por elas atribuído.[14]

Com a evolução social e o aumento vertiginoso das indústrias, passou--se a atribuir empregos aos homens, e com eles era urgente a necessidade de socialização das relações trabalhistas e sociais de uma forma geral. Não se deve olvidar dos problemas sociais que "a mão invisível do mercado" não mais consegue suplantar. Então, a nova ordem deve criar mecanismos

---

[10] BOBBIO, Norberto. *Estado, governo e sociedade:* para uma teoria geral da política. Trad. Marco Aurélio Nogueira. Rio de Janeiro: Paz e Terra, 2004. p. 141.

[11] Ibidem.

[12] FERREIRA FILHO, Manoel Gonçalves. *Estado de direito e constituição*. 3. ed. São Paulo: Saraiva, 2004. p. 65.

[13] FACCHIN NETO, Eugênio. Reflexões histórico-evolutivas sobre a constitucionalização do direito privado. In: SARLET, Ingo Wolfgang (Org.). *Constituição, direitos fundamentais e direitos privados*. Porto Alegre: Livraria do Advogado, 2003. p. 19.

[14] ROUSSEAU. J. J. *Do contrato social*. Trad. de José Cretella Jr. e Agnes Cretella. São Paulo: Revista dos Tribunais, 2002. p. 53.

O PRINCÍPIO DO ACESSO À JUSTIÇA COMO PRECEITO DE DEMOCRATIZAÇÃO   37

de pacificação social. Será falado, portanto, do Estado Democrático de Direito, fundamentado na dignidade da pessoa humana.

O Estado põe suas metas a serem atingidas de acordo com um plano constituído institucionalmente na sua Carta Política, donde exsugir a responsabilidade dos Poderes constituídos para a consecução dos desideratos de um Estado realmente democrático. É nesse sentido que o Poder Judiciário é visto no presente trabalho, ou seja, constitui-se no "poder forte", no sentido de ser a última saída para os cidadãos que tenham seus direitos violados ou não protegidos pelos demais órgãos estatais; um poder, pois, que se encontra sob o pálio das regras democráticas pré-constituídas pelo povo deste estado Democrático.

O Ministro do Superior Tribunal de Justiça, José Augusto Delgado, em artigo publicado pela revista Juris Plenum,[15] visualiza a importância do Poder Judiciário para a construção e concretização do regime baseado em regras de uma democracia representativa e participativa.

O referido articulista, com o cuidado de avaliar o papel do judiciário, tendo em vista os aspectos sociais e econômicos do povo brasileiro, salienta que o referido poder deve cercar suas decisões das influências exercidas pela projeção da instituição de um Estado de Direito que reflitam os anseios de um regime democrático, fundado no princípio da soberania popular, cumprindo a esse Poder de atuar compromissado, em qualquer de suas instâncias, com os objetivos traçados pela democracia representativa e participativa almejada constitucionalmente, com fundamento na valorização da dignidade da pessoa humana.

Com a afirmação de que, com honrosas exceções, decide-se sem levar em conta a sublimação da dignidade da pessoa humana e a concretização dos valores da cidadania, conclui ele que o Poder Judiciário, bem como os demais, assume responsabilidade para desenvolver atividades comprometido com o tornar efetivo os efeitos que devem ser produzidos pela instalação concreta desse regime democrático social, desenhado pela Constituição Federal de 1988, no qual deve imperar a lei e a concretização da vontade do cidadão, sendo este o núcleo desse Estado, o centro das atenções. Para isso, entende que as interpretações e aplicações das normas jurídicas devem ser dirigidas "para um estágio de harmonização com as pretensões da comunidade para a qual atua" e, por fim, esclarece que é dever do Juiz-Estado: a participação democrática

---

[15] DELGADO, José Augusto. Organização política do Brasil: o poder judiciário na democracia representativa: a organização e o funcionamento do poder judiciário em todas as instâncias. *Revista Júris Plenum*. Caxias do Sul: Plenum, a. 2, n. 1, p. 21-45, jul., 2006.

38 DA RESPONSABILIDADE CIVIL DO CONDUTOR DE VEÍCULO AUTOMOTOR

no processo, no interesse das partes e no da efetivação da justiça; dar ao processo o procedimento animado pela relação processual que persegue a realização do direito material, meio de efetivação da justiça; o acesso à justiça, caracterizado pela assistência judiciária aos mais necessitados; e, por fim, efetivar um processo que exige o dever de consciência jurídica, fundamento de legitimação e de legitimidade do procedimento através do contraditório e da ampla defesa.[16]

Nesse sentido exprimido, o Estado, dito Democrático, não pode "pecar" quer por ação, mas também, já agora, por omissão, dada a opção democrática escolhida por um plano político que determina metas a serem atingidas.

4.3 O ACESSO À JUSTIÇA COMO ELEMENTO NUCLEAR DA DIGNIDADE DA PESSOA HUMANA

No art. 1.º da Constituição Brasileira, o constituinte referenciou que "a República Federativa do Brasil, formada pela união indissolúvel dos Estados e Municípios e do Distrito Federal, constitui-se em Estado Democrático de Direito".

Já no inciso III, do mesmo artigo, a Constituição elenca como fundamento da República Federativa do Brasil a dignidade da pessoa humana. Este, como princípio, vem calcado em epicentro axiológico de toda ordem jurídico-constitucional brasileira. Assim, todo *standard* infraconstitucional deve se amoldar aos princípios de índole constitucional, servindo ao intérprete de modelo ou parâmetro axiológico hermenêutico. Invariavelmente, o Princípio da Dignidade da Pessoa Humana não serve de elemento admoestador ao legislador ordinário e ao intérprete "autêntico" da lei, o Juiz, para se utilizar da expressão kelseniana, mas sim como norte vinculatório para as três esferas de governo, sobretudo no papel socializador que tem o julgador nos dias hodiernos.

Aliás, a dignidade da pessoa humana, tal como estampada na carta política de 1988, é considerada por muitos[17] direito fundamental supremo,

---

[16] DELGADO, José Augusto. Organização política do Brasil: o poder judiciário na democracia representativa: a organização e o funcionamento do poder judiciário em todas as instâncias. *Revista Júris Plenum*. Caxias do Sul: Plenum, a. 2, n. 1, p. 34-35, 39-40, jul., 2006.

[17] NUNES, Rizzato. *O princípio constitucional da dignidade da pessoa humana:* doutrina e jurisprudência. São Paulo: Saraiva, 2002. p. 45.

O PRINCÍPIO DO ACESSO À JUSTIÇA COMO PRECEITO DE DEMOCRATIZAÇÃO   39

inclusive precedendo, por mais importante que também o seja, o direito à isonomia que serve para gerar equilíbrio real, visando à concretização da dignidade da pessoa humana.[18]

Carmem Lúcia Antunes Rocha[19] doutrina que o pós-guerra de 1945 transformou o princípio da dignidade humana de "valor-base dos direitos fundamentais em princípio estruturante do Estado Democrático", e a democracia tem seu fundamento no homem, fazendo nele repousar a sua finalidade, por isso o regime democrático deve "buscar a concretização de políticas públicas que revelem ao homem a melhor situação sociopolítica para o bem de todos", caracterizando-se tal princípio fundamental em valor fundante das organizações sociais, revelando que a democracia haverá de ser considerada também na sociedade, e não apenas cobrada do Estado. Ora, é nesse sentido que se deve concordar com a escritora quando caracteriza a dignidade da pessoa humana em "superlei pré-estatal", "pondo-se como princípio jurídico axiomático, cuja existência, rigor e eficácia, não se discute", ou seja, apenas se cumpre através de políticas públicas a serem planejadas para dotar de efetividade tal princípio pelo Estado.[20]

Sem se adentrar no exame minucioso do conceito de dignidade da pessoa humana, por não ser o objeto central do presente trabalho, sobreleva notar que os direitos e as garantias individuais são exigências e concretizações da dignidade da pessoa humana, e que, da mesma forma, todo direito fundamental, pelo simples fato de ser fundamental, têm um conteúdo em dignidade, que retrata aí a intangibilidade da própria dignidade da pessoa humana, conforme leciona Ingo Wolfgang Sarlet,[21] servindo tal princípio para o interprete da norma infraconstitucional como norte, como dito, considerando a sua função integradora e hermenêutica, tendo por perspectiva a pessoa como fim do Estado.[22]

Ora, partindo-se da premissa do homem como fim, e não como meio, ou até mesmo como objeto de uma sociedade de massas, conclui-se que o acesso à Justiça deve ser estudado como direito fundamental, cujo conteúdo em dignidade é inviolável e intangível, e um viés do princípio

---

[18]   Ibidem.
[19]   ROCHA, Cármen Lúcia Antunes. Vida digna: direito, ética e ciência: os novos domínios científicos e seus reflexos jurídicos. In:_____ (Coord.). *O direito à vida digna.* Belo Horizonte: Fórum, 2004. p. 70.
[20]   Ibidem. p. 71.
[21]   SARLET, Ingo Wolfgang. *Dignidade da pessoa humana e direitos fundamentais na constituição de 1988.* Porto Alegre: Livraria do Advogado, 2006. p. 78-79,124.
[22]   Ibidem. p. 77.

40 DA RESPONSABILIDADE CIVIL DO CONDUTOR DE VEÍCULO AUTOMOTOR

fundamental da dignidade da pessoa humana, conforme vem estudando Ana Paula de Barcellos.[23]

A referida autora sustenta que o "mínimo existencial", que é formado pelas condições materiais básicas para a sobrevivência, constitui-se em uma fração nuclear da dignidade da pessoa humana, a qual deve se atribuir eficácia jurídica positiva.

Discorrendo sobre o tema, esclarece que tal "mínimo existencial" é composto de quatro elementos, a saber: a saúde básica, a educação fundamental, a assistência social, que chama de assistência aos desamparados e, por último, o acesso à justiça.[24] Portanto, o mínimo existencial que corresponde a essa parcela nuclear da dignidade da pessoa humana é composto de quatro elementos, sendo os três primeiros citados de índole material, e o quarto, de índole instrumental.

Sem se debruçar sobre as teorias que fundamentam a distinção entre princípios e regras, por não ser objeto do presente estudo, parte-se, aqui, da premissa estabelecida por Robert Alexy, para o qual *"la distinción entre reglas e principios es uno de los pilares fundamentales del edificil de la teoria de los derechos fundamentales"*, lecionando o autor que tanto os princípios quanto as regras são normas jurídicas porque tanto *"las reglas* como *los pricipios dicen lo que debe ser"*, e que os princípios se diferenciam das regras, sobretudo, por estas se constituírem em comando de definição e, aqueles, em comando de otimização,[25] sendo a diferença, entre eles, apenas qualitativa, e não de grau.

Sendo os princípios, normas jurídicas, tanto quanto as regras, é de se entender que também os princípios devem ser dotados de efetividade, ou seja, de eficácia jurídica. Por isso é que Ana Paula de Barcellos assegura que, além das eficácias interpretativa, negativa e vedativa de retrocesso, os princípios constitucionais devem possuir eficácia positiva ou simétrica; isto é, partindo do ponto de vista de que o princípio da dignidade da pessoa humana não é um conceito vago e impreciso, por isso sem possibilidade eficacial, tal princípio gera a eficácia no que concerne à interpretação das normas infraconstitucionais em conformidade com tais princípios de índole constitucional; no que concerne a obrigação por parte do Estado de direito, por seus poderes constituídos, em não editar normas violadoras de comandos constitucionais e, por

---

[23] BARCELOS, Ana Paula de. *A eficácia jurídica dos princípios constitucionais*: o princípio da dignidade humana. Rio de Janeiro: Renovar, 2002. p. 248.

[24] Ibidem. p. 258.

[25] ALEXY, Robert. *Teoria de los derechos fundamentales*. Trad. Ernesto Garzón Valdés. Madrid: Centro de Estúdios Constitucionales, 1993. p. 83-84, 86-87.

O PRINCÍPIO DO ACESSO À JUSTIÇA COMO PRECEITO DE DEMOCRATIZAÇÃO 41

último, à observância, por parte do Estado, da proibição do retrocesso, estando esta eficácia, ainda, em passo de construção e desenvolvimento doutrinário. De mais a mais, os princípios constitucionais e, mais precisamente, o princípio fundamental da dignidade da pessoa humana, possuem eficácia positiva, obrigando o Estado a garantir aos cidadãos as possibilidades materiais mínimas para a existência da pessoa humana com dignidade, no que pertine à saúde básica, à educação fundamental, à assistência aos desamparados e ao acesso à justiça, caracterizadas pelo mínimo existencial, configurando-se este em uma fração nuclear da dignidade da pessoa humana.[26]

É de se verificar que o acesso á justiça, que integra os elementos do mínimo existencial, é um dos elementos necessários, tão importante quanto os demais, para a concretização do processo de elaboração e construção da norma jurídica acoplada aos vetores constitucionais vigentes. Dessa maneira, a previsão do princípio em epígrafe, em texto constitucional, tornou-se imprescindível, conforme a lição de Carmem Antunes Rocha, porém, por si só, como esclarece, não anima as pretensões da lei maior,[27] caso não haja preocupação do Poder Judiciário na sua efetivação.

Como bem pondera Daniel Sarmento,

> O princípio da dignidade da pessoa exprime, por outro lado, a primazia da pessoa humana sobre o Estado. A consagração do princípio importa no reconhecimento de que a pessoa é o fim, e o Estado não mais do que um meio para garantia e promoção dos seus direitos fundamentais.[28]

Alexy cita a lei fundamental da Alemanha, que traduz a dignidade da pessoa humana como intangível, o que, segundo o autor, gera a impressão de absolutismo do princípio da dignidade da pessoa humana, dada a importância do referido princípio fundamental para a lei maior deste país. Afirma, assim, que a questão do valor absoluto de tal princípio é apenas impressão. O princípio da dignidade da pessoa humana pode ser relativizado dentro da ponderação com outros princípios, e cita o exemplo da pena perpétua para criminosos perigosos, no intuito de proteção e segurança da sociedade como um todo, podendo tal princípio ser realizado em diversos graus, devendo-se fazer a distinção entre

---

[26] BARCELLOS, Ana Paula de. *A eficácia jurídica dos princípios constitucionais*: o princípio da dignidade humana. Rio de Janeiro: Renovar, 2002. p. 247-301.

[27] ROCHA, Cármen Lúcia Antunes. O princípio da dignidade da pessoa humana e a exclusão social. *Revista Interesse Público*. n. 4, p. 26, 1999.

[28] SARMENTO, Daniel. *Direitos fundamentais e relações privadas*. Rio de Janeiro: Lumen Juris, 2004. p. 111.

42 DA RESPONSABILIDADE CIVIL DO CONDUTOR DE VEÍCULO AUTOMOTOR

a regra da dignidade da pessoa humana e o princípio da dignidade da pessoa humana, este sim, por deter um alto grau de certeza, precede a todos os outros princípios, porém, tal precedência não redunda no seu imediato absolutismo.[29]

É de ser evidenciado, *prima facie*, que a evolução dos conceitos democráticos de poder leva necessariamente o intérprete a colocar a pessoa humana como a raiz existencial de tudo o que for pelo homem teorizado, inclusive, fazendo prevalecer a pessoa humana ao Estado, este fruto da imaginação do homem, e evoluído do Leviatã ao Estado pós-moderno, que não perde a sua essência de construção sob o primado do Poder Político; mas, hoje, a concepção do Estado brota do princípio fundamental democrático, que faz permear toda a construção do ordenamento jurídico na sua raiz antropocêntrica, a sua própria razão de ser.

Pois bem, na realidade, o Estado Democrático de Direito não pode tomar para si uma posição minimalista, tampouco parcial, frente aos problemas sociais; e quem pode ousar dizer que o direito não deve ser instrumento de inclusão social? Afigura-se imperioso para o Estado de Direito, dentro da concepção hoje concebida, a vinculação do Estado--Juiz com o processo de democratização e inclusão social, pois sobre ele também paira a mítica tarefa de reduzir as desigualdades sociais e regionais e erradicar a pobreza, conforme norteia o art. 3.º, III, da Constituição Federal.

A expressão Estado Democrático de Direito, ensina Manoel Gonçalves Ferreira Filho, fora cunhada da obra de Elías Diaz *Estado de derecho y sociedad democrática,* como estágio de transição para o socialismo.[30] Trata-se na concepção do autor brasileiro de um conceito muito mais político que propriamente jurídico. Contudo, afirma Canotilho, que tal concepção repudia o formalismo do Estado Legal, para buscar no Poder Político a realização do socialismo.[31]

Como leciona J. J. Gomes Canotilho,[32] o Estado de Direito cumpriu bem o seu papel frente à questão da limitação ao Poder Político; mas faltava-lhe a "legitimação democrática do poder".

Mas, o que vem a ser justamente tal legitimação democrática?

---

[29] ALEXY, Robert. *Teoria de los derechos fundamentales.* Trad. Ernesto Garzón Valdés. Madrid: Centro de Estúdios Constitucionales, 1993. p. 103-109.

[30] FERREIRA FILHO, Manoel Gonçalves. *Estado de direito e constituição.* 3. ed. São Paulo: Saraiva, 2004. p. 65.

[31] CANOTILHO, J. J. Gomes. *Direito constitucional e teoria da constituição.* 7. ed. Coimbra: Almedina apud FERREIRA FILHO, *Estado de direito.* p. 66-67.

[32] CANOTILHO, J. J. Gomes. *Direito constitucional.* p. 99.

O PRINCÍPIO DO ACESSO À JUSTIÇA COMO PRECEITO DE DEMOCRATIZAÇÃO   43

Sob o ponto de vista político-constitucional, parece acolher a doutrina, sem muito impasse, que o regime democrático seria caracterizado como aquele que efetiva "a composição e a administração dos conflitos, por meio de instituições capazes de abrir espaços ao compromisso e à negociação, é a alternativa que a democracia oferece à tirania, à violência e ao terror".[33]

Longe de se oferecer uma resposta adequada à pergunta de qual a melhor constituição, tão propalada desde os antigos, a legitimidade democrática, e por assim dizer, o Estado Democrático, nela fulcrado, evidencia a "liberdade positiva" ou "democrática", ou seja, segundo Canotilho, "a liberdade assente no exercício democrático do poder", contraposta à "liberdade negativa", primado do liberalismo econômico, aquela liberdade de "distanciação" perante o Estado, também por ele chamada de liberdade de defesa.[34] Destarte, para o liberalismo, "o homem civil precederia o homem político", "o burguês estaria antes do cidadão".[35]

Surge, porém, a necessidade de legitimar-se o Poder, introduzindo, como parece a Canotilho, o elemento democrático. Tem-se, portanto, a legitimidade, pela participação popular, como a mais pura forma de fundamento do poder. Nasce o Estado Constitucional.

A legitimidade deixa de ser simples elo do poder com o seu fundamento clássico, Estado Racional-Legalista, para transcender seus matizes para a fundamentação da "maioria", próprio do primado democrático.

Em vista disso, atualmente, deve-se buscar resposta à seguinte indagação, formulada por Norberto Bobbio:[36] onde se vota? Em vista disso, após a sacramentalização do sufrágio universal e "da passagem da democracia política para a democracia social", perdeu interesse a pergunta: quem vota?

Se a democracia é o governo "do Poder Público em público",[37] cuja fonte legitimadora encontra-se na soberania popular, ou na liberdade positiva, ensejadora de maior participação popular nas decisões do Poder Público (liberdade democrática), parece curial a importância de um Poder Judiciário preocupado com o acesso à justiça e com a efetividade

---

[33] SOUZA JÚNIOR, Cezar Saldanha. *Consenso e democracia constitucional.* Porto Alegre: Sagra Luzzatto, 2002. p. 110.

[34] 108 CANOTILHO, J. J Gomes. *Direito constitucional e teoria da constituição.* 7. ed. Coimbra: Almedina. p. 99.

[35] Ibidem.

[36] BOBBIO, Norberto. *O futuro da democracia.* Trad. Marco Aurélio Nogueira. 9. ed. São Paulo: Paz e Terra, 2004. p. 40.

[37] Ibidem. p. 98.

dos direitos humanos, não só em face do Poder Político constituído, como também em face dos particulares (eficácia horizontal dos direitos fundamentais), dando ensejo ao perfazimento dos objetivos do Estado Democrático de Direito.

A interpretação das regras de direito, então, deve-se nortear pelos preceitos constitucionais fundamentais, buscando sempre como fonte legitimadora da interpretação do direito, os vetores axiológicos constitucionais, sobretudo o Princípio da Dignidade da Pessoa Humana e, por conseguinte, do amplo acesso à Justiça, encarado aqui como aspecto de concretização da dignidade humana, cujo óbice residiria apenas na mudança de concepção popular de um estado absenteísta, para um Estado Social democratizante, cuja existência galga-se no "ser", muito mais do que no "ter".

4.4 OBEDIÊNCIA AOS DIREITOS FUNDAMENTAIS DOS CIDADÃOS E ESTADO DEMOCRÁTICO DE DIREITO

Os direitos fundamentais, para o estado de direito tradicional, cingem-se à clássica classificação tripartite: direito à liberdade, em seu mais amplo sentido, à igualdade (sob o ponto de vista formal) e à propriedade? Contudo, com a evolução do Estado, espraiaram-se as dimensões dos ditos direitos, atingindo-se já agora a sua quarta dimensão. Quais os verdadeiros destinatários desses direitos e como se pode dar efetividade à tutela dos direitos humanos previstos na Lei Maior e nos tratados internacionais que versam sobre tais direitos? A resposta a tais indagações parece óbvia. Todavia, a aplicação prática dos direitos humanos corrobora com o entendimento daqueles que enxergam o fenômeno de "anomia constitucional", ou seja, literalmente falando "anarquia" constitucional, pelo não cumprimento do estabelecido por ser algo socialmente inatingível, por isso mesmo ineficaz?

Afinal de contas, num regime capitalista de produção, para quem se legisla? Uma Constituição democrática e social será efetivamente instrumento de inclusão social dentro da estrutura de poder na qual está invariavelmente inserida? O respeito aos direitos humanos pode ser concretizado isoladamente em determinado país ou depende efetivamente de uma globalização da visão social, no mundo inteiro?

São perguntas talvez sem respostas. Pode ocorrer, da mesma forma, respostas que não seriam adequadas a tais perguntas, em fim, a mudança deve começar em cada célula social, em cada homem.

Kant sistematizou as três bases definitivas para a paz perpétua, *"en todo Estado, la constitución política debe ser republicana", "El derecho de*

O PRINCÍPIO DO ACESSO À JUSTIÇA COMO PRECEITO DE DEMOCRATIZAÇÃO   **45**

*las gentes se debe basar en una Federación de Estados independientes";
"El derecho de la ciudadanía mundial debe limitarse a las condiciones
de una hospitalidad universal".*[38]

Norberto Bobbio[39] salienta que a primeira base referida por Kant
para a paz perpétua diz respeito ao direito público interno; a segunda, ao
direito público externo; e a terceira, ao *ius cosmopoliticum*, ou seja, ao
lado da soberania interna e externa, deve observar todo Estado os direitos
dos cidadãos dos outros Estados de não serem tratados com hostilidade,
visto ser cada cidadão, de cada Nação, membro de uma sociedade não
desmembrável, sociedade cosmopolita, de forma que "a violação de um
direito ocorrida num ponto da terra é percebida em todos os outros pontos", transfigurando para Bobbio um cidadão-tipo do mundo "o cidadão
cosmopolita".

A teoria dos direitos fundamentais começou a se desenvolver, de forma
mais decisiva, sob a ótica do individualismo liberal, revestindo os direitos
fundamentais do caráter[40] "de normas de distribuição de competências
entre o indivíduo e o Estado;" "direitos do particular perante o Estado",
cuja liberdade a ser garantida por tais direitos seria uma "liberdade pura",
para não se falar da liberdade "para qualquer fim", como, por exemplo,
"a liberdade em defesa da ordem democrática", "liberdade ao serviço do
socialismo" etc. Posteriormente, concebeu-se teorias de caráter objetivo,
como a teoria da ordem de valores e a teoria institucional, "que negam
aos direitos fundamentais uma dimensão exclusivamente subjetivista" e,
por fim, a teoria social e socialista dos direitos fundamentais, esta última
lastreada na concepção antropológica marxista.[41] Para a teoria social,
embora a conotação subjetiva dos direitos fundamentais esteja presente,
adquirem eles uma dimensão social, cujo escopo primacial é garantir
direitos sociais que exigem uma intervenção do Estado na sociedade,
comportando-se os direitos desta índole não como limites ao Estado, mas
sim como fim dele, segundo ensina Canotilho.

Os direitos humanos, pois, estão no ordenamento de um determinado
Estado, não somente como norte de direcionamento ao legislador, mas,
ainda, para ter sua eficácia apreendida pela ordem, devendo ser respei-

---

[38]   KANT, Immanuel. *La paz perpetua.* Trad. Susana Aguair. Buenos Aires: Longeseller,
       2001. p. 33-51.
[39]   BOBBIO, Norberto. *A era dos direitos.* Trad. Carlos Nelson Coutinho. Apres. Celso
       Lafer. Rio de Janeiro: Elsevier, 2004. p. 146-148.
[40]   CANOTILHO. J.J Gomes. *Direito constitucional e teoria da constituição.* 7. ed.
       Coimbra: Almedina. p. 1396.
[41]   Ibidem. p. 1340, 1397-1399.

46 DA RESPONSABILIDADE CIVIL DO CONDUTOR DE VEÍCULO AUTOMOTOR

tados nas três esferas de governo, inclusive pelos particulares nas suas relações.

O norte da interpretação da lei infraconstitucional, nos dias atuais, deve levar em conta os princípios embutidos na Lei Fundamental do país, sobretudo os direitos fundamentais de segunda, terceira e quarta gerações, concebendo-se, assim, a força normativa da Constituição, tendo-se um ordenamento uno, pelo qual ela não se constitui apenas como limite para o legislador ordinário, mas como seu verdadeiro norte. Tal fenômeno, próprio do pós-positivismo, fora denominado por Fachin como a grande "virada de Copérnico".[42]

De tudo isso se depreende as seguintes conclusões: os direitos humanos, tais como hodiernamente concebidos nas mais variadas declarações de direitos e Constituições de muitos países devem servir de limites ao Poder estatal, assim como deve ter eficácia plena nas relações horizontais, ou seja, entre os particulares, constituindo-se norte de toda atividade não só do Poder Público, mas também nas relações privadas, sob pena de deixar frustrada a intenção do constituinte quando da elaboração da Lei Maior, tão bem apelidada por Ulisses Guimarães de "Constituição cidadã", com as devidas cautelas que cada caso concreto merecer.

De mais a mais, conclui-se que as relações entre particulares não têm um código próprio, para seu regramento, ou seja, uma constituição da sociedade civil, o Código Civil, "de acordo com regras supostamente imutáveis, porque fundadas nos postulados do racionalismo jusnaturalista, que tinham seu centro gravitacional na ideia de autonomia privada".[43]

Urge-se, pois, por efetividade dos direitos fundamentais decorrentes do Princípio da Dignidade da Pessoa Humana, dentre eles o do Acesso à Justiça, inserido nesse novo modo de abordar a construção do direito civil dos dias hodiernos; dessarte, não se pode mais conceber o Código Privatista como a "constituição do homem privado"[44], tido de forma isolada, ensimesmado. Opera-se a constitucionalização do direito privado, sobretudo pelo acolhimento da eficácia dos direitos fundamentais nas

---

[42] FACHIN, Luiz Edson. Virada de Copérnico: um convite à reflexão sobre o direito civil brasileiro contemporâneo. In: _____ (Coord.). *Repensando os fundamentos do direito civil brasileiro contemporâneo*. Rio de Janeiro: Renovar, 2000. p. 317-324.

[43] SARMENTO, Daniel. *Direitos fundamentais e relações privadas*. Rio de Janeiro: Lumen Juris, 2004. p. 27.

[44] FACHIN, Luiz Edson; RUZKY, Carlos Eduardo Pianovski. Direitos fundamentais, dignidade da pessoa humana e o novo código civil. In: SARLET, Ingo Wolfgang (Coord.). *Constituição, direitos fundamentais e direito privado*. Porto Alegre: Livraria do Advogado, 2003. p. 90.

O PRINCÍPIO DO ACESSO À JUSTIÇA COMO PRECEITO DE DEMOCRATIZAÇÃO **47**

relações entre particulares, concebendo-se a Constituição Federal como uma ordem objetiva de valores.[45]

O ilustre professor Silvio Neves Baptista pondera que:

A exemplo dos que fizeram alguns juristas estrangeiros nas últimas décadas do século XX, os civilistas brasileiros começaram a desenvolver estudos a respeito da inserção do texto constitucional dos princípios fundamentais do direito civil, especialmente depois da Constituição Federal de 1988. A essa inserção deram o nome de *constitucionalização do direito civil*. Trata-se de um processo em que se introduzem na constituição os princípios e normas jurídicas fundamentais do direito civil, com o que se lhes atribui validade constitucional. A constitucionalização do direito civil não constitui uma intervenção do estado na esfera privada, nem se com o que parte da doutrina denomina "publicização" do direito privado, que, a rigor, nunca existiu, pois, conforme adverte Paulo Lobo "o fato de haver mais ou menos normas cogentes não elimina a natureza originária da relação jurídica originária". A constitucionalização acolheu o conceito do direito civil como direito privado geral, dado que foram introduzidos os princípios e normas gerais do direito civil (relativos aos direitos da personalidade, às obrigações, contratos, responsabilidade civil, propriedade, família, sucessões), no entanto, a inserção constitucional desses princípios basilares "constitui – no dizer de Paulo Lobo – a etapa mais importante do processo de transformação, ou de mudanças de paradigmas, porque passou o direito civil, no trânsito do Estado liberal para o Estado social".[46]

Diante de todas essas considerações, é certo que os direitos fundamentais, e entre eles, o direito ao acesso à justiça, exercem papel preponderante na interpretação e aplicação dos dispositivos do direito civil atual.

O acesso à justiça fora estudado notadamente pela ciência processual, como objeto da ciência do direito, com larga parcela de contribuição de dados oriundos da sociologia do direito, um novo enfoque que transcendia o abstrato e o formal do direito processual tradicional – a norma como objeto único da ciência do direito, fundado numa razão, dentro do construtivismo do racionalismo Cartesiano.[47]

O acesso à justiça, ensina Boaventura de Sousa Santos, ganhou força e relevância no pós-guerra, donde a consagração dos direitos sociais e

---

[45] Ibidem. p. 98.

[46] BAPTISTA, Silvio Neves. *Ensaios de direito civil*. São Paulo: Método, 2006, p. 37-39.

[47] GOMES NETO, José Mário Wanderley. *O acesso à justiça em Mauro Cappelletti*: análise teórica desta concepção como "movimento" de transformação das estruturas do processo civil brasileiro. Porto Alegre: Sérgio Antônio Fabris, 2005. p. 20-21.

48 DA RESPONSABILIDADE CIVIL DO CONDUTOR DE VEÍCULO AUTOMOTOR

econômicos, ao lado da construção do Estado-Providência, transformou o direito do acesso à Justiça em um "direito charneira", isto é, na expressão do sociólogo português, "um direito cuja denegação acarretaria a denegação de todos os demais", daí que a organização da justiça civil e, particularmente, a tramitação processual, não poderia ser resumida em uma questão meramente técnica. Dessa maneira, a sociologia procurou investigar empírica e sistematicamente os obstáculos ao acesso à justiça, ainda mais por parte das classes populares, para propor soluções, chegando-se sempre à conclusão de que a litigância civil vinha diminuindo, nas últimas décadas, em países da Europa, como Portugal, Espanha e Itália, na medida em que aumentava a duração média dos processos. Tal resultado projetava-se com maior intensidade nas classes mais baixas da população, onde as condicionantes sociais e culturais revelavam as discrepâncias verificadas entre a justiça civil e a social.[48]

Para Mauro Cappelletti, um dos precursores desse novo objeto científico, o acesso à justiça vem sendo aceito nas diversas sociedades modernas realmente como um direito social básico, significando a efetividade como "a completa igualdade de armas".[49] A efetividade, pois, é a preocupação e o ponto nodal dos estudiosos do acesso à justiça.

O acesso à justiça não deve ser encarado apenas sob o ponto de vista do direito processual. Ao revés, tal objeto não lhe é exclusivo, embora possa sê-lo muito peculiar. O fenômeno descrito pelo processualista italiano, por ele agnominado de "fuga da justiça estatal", é observado e sublimado, onde quer que a justiça não esteja efetiva e, sob o ponto de vista do direito material, a má interpretação das normas pode levar a uma inefetividade prática de todo um ordenamento. Por isso ser próprio dos partidários dos movimentos pós-positivistas a construção de um enfoque constitucional do direito privado.

Doutrina Cappelletti[50] que nesse contexto do acesso à justiça, a simplificação diz também respeito à questão de se "tornar mais fácil que as pessoas satisfaçam às exigências para a utilização de determinado remédio jurídico", dando como exemplo o movimento pela responsabilidade civil objetiva.

É evidente, como sobressalta aos olhos, que o processo, civil ou penal, constitui-se em relevante objeto de desenvolvimento do estudo do

---

[48] SANTOS, Boaventura de Sousa. *Pela mão de Alice*: o social e o político na pós--modernidade. São Paulo: Cortez, 2003. p. 168-172.

[49] CAPPELLETTI, Mauro; GARTH, Bryant. *Acesso à justiça*. Trad. Ellen Gracie Northfleet. Reimp. Porto Alegre: Sérgio Antônio Fabris, 2002. p. 15.

[50] Ibidem. p. 156-157.

O PRINCÍPIO DO ACESSO À JUSTIÇA COMO PRECEITO DE DEMOCRATIZAÇÃO **49**

acesso à Justiça, pois paira sobre o entendimento de qualquer dos mais desavisados que o processo é, efetivamente, o instrumento pelo qual se concede o direito material àquele que o pleiteia.

Tão clara é essa conclusão que basta deitar a atenção sobre o inciso LXXVIII, do art. 5.º, da Constituição Federal do Brasil, o qual expressa que "a todos no âmbito judicial e administrativo são assegurados a razoável duração do processo e os meios que garantem a celeridade de sua tramitação", para entender a importância da efetividade sob o ponto de vista do processo, bem como da ciência processual, que vem trazendo o seu contributo ao direito positivo, nesse aspecto.

O referido dispositivo constitucional institui o direito fundamental à efetiva tutela jurisdicional, acoplado ao preceito enunciador da regra do princípio da universalidade da jurisdição, Constituição Federal, art. 5.º, XXXV.

É sob o viés do direito processual que Marinoni[51] doutrina que o direito fundamental à tutela jurisdicional efetiva incide sobre o legislador, bem como sobre o Juiz, obrigando o primeiro a instituir "procedimentos e técnicas processuais capazes de permitir a realização das tutelas prometidas pelo direito material e, inclusive, pelos direitos fundamentais", bem como ao segundo, a efetivar a interpretação "de acordo com o direito fundamental à tutela jurisdicional efetiva".

A orientação aqui sugerida é justamente a de se acoplar a interpretação também das regras de direito material aos vetores constitucionais do acesso à Justiça e ao da dignidade da pessoa humana, assim entendida como princípio fundante do ordenamento jurídico e, por assim dizer, como princípio a ser concretizado também pela efetividade do aceso à Justiça. Ora, do contrário, ressoaria num absurdo prático se pensar em processo célere, mas sem solução real, haja vista mera preocupação com o meio (o processo), muito mais do que com o fim do direito, a sua finalidade propriamente dita, qual seja: a concessão do bem da vida a quem de direito.

Nesse sentido, os operadores do direito devem levar em consideração o vetor axiológico da dignidade da pessoa humana, como dito alhures, "e as relações passíveis de disciplina pelo Direito Civil constituem seara fértil para uma práxis jurídica ética e emancipatoria".[52]

---

[51] MARINONI, Luiz Guilherme. A legitimidade da atuação do juiz a partir do direito fundamental à tutela jurisdicional efetiva. *Revista Nacional da Magistratura*. Rio de Janeiro: Justiça e Cidadania, a. 1, n. 1, abr., p. 68-69, 2006.

[52] 125 FACHIN, Luiz Edson; RUZKY, Carlos Eduardo Pianoviski. Direitos fundamentais, dignidade da pessoa humana e o novo código civil. In: SARLET, Ingo Wolfgang

50 DA RESPONSABILIDADE CIVIL DO CONDUTOR DE VEÍCULO AUTOMOTOR

A ideia é a de que os direitos fundamentais, que não sejam classificados como de primeira geração, ou dimensão, mais propriamente os sociais e difusos, não devem ser encarados sob o ponto de vista estático no ordenamento, postos para ter validade e eficácia apenas em face do Poder Político, o que leva à tendência da sua horizontalidade e, por outro lado, os ditos individuais, ou de primeira geração, devem guardar conexão com a função social que devem desempenhar; assim a propriedade e o contrato, como anteriormente observado, não podem passar inertes nas suas atribuições de caráter social, aquela como elemento estático de uma economia e, este, como elemento dinâmico da estrutura econômica. É a concepção social do direito privado que, segundo Rudolf Von Ihering, suplantará a individualista,[53] deixando transparecer sua crítica aos defensores do jusnaturalismo individualista, mormente em consideração a Humboldt e Stuart Mill, pois que esse sistema "trata da construção do mundo moral, baseada no ponto de vista do indivíduo tomado isoladamente, concentrado em si mesmo – o princípio de que cada um existe para si mesmo, não para o outro".[54]

O elemento democrático, então, deve ser encontrado em cada instituto do direito privado, da mesma forma que nos de direito público. Aliás, hoje, já não existe nítida diferença entre o público e o privado, tal como outrora se concebia; o homem faz parte de um todo social e a diferença entre Estado e cidadãos, ou melhor, entre Estado e particulares, perdeu sua razão de ser, concebendo-se, já doutrinariamente,[55] a ineficiência do conceito de supremacia do interesse público sobre o privado, pedra de toque do direito administrativo, que deve receber uma nova formulação, pois, como já observado, os direitos fundamentais não se voltam apenas contra o Poder Político, como também não devem estar subjugados ao interesse público, quando isso ofenda aos vetores constitucionais axiológicos respectivos, mas se cingem tão somente à sua própria condição de sua validade e existência, ou seja, as relações nas quais estejam os homens envolvidos, qualquer que seja sua natureza, visto que a preocupação capital do homem hodierno deve ser a de:

(Coord.). *Constituição, direitos fundamentais e direito privado.* Porto Alegre: Livraria do Advogado, 2003. p. 103.

[53] 126 IHERING, Rudolf Von. *O universo do direito:* textos selecionados. Trad. Henrique de Carvalho. Belo Horizonte: Líder, 2004. p. 151.

[54] 127 IHERING, Rudolf Von. *O universo do direito:* textos selecionados. Trad. Henrique de Carvalho. Belo Horizonte: Líder, 2004. p. 155.

[55] SARMENTO, Daniel. Interesses públicos *vs.* interesses privados na perspectiva da teoria e da filosofia constitucional. In: _____ (Org.). *Interesses públicos versus interesses privados:* desconstruindo o princípio da supremacia do interesse público. Rio de Janeiro: Lumen Juris, 2005. p. 23-50.

O PRINCÍPIO DO ACESSO À JUSTIÇA COMO PRECEITO DE DEMOCRATIZAÇÃO   51

(...) Tornar profícuo o trabalho do indivíduo quer manual, quer intelectual, o máximo que for possível, para os outros e, assim, imediatamente, para ele mesmo, valorizar toda a energia a serviço da humanidade: eis a tarefa que cada povo civilizado tem de resolver e em função da qual todas as suas instituições devem ser avaliadas.[56]

4.5 OS PARADIGMAS DO CÓDIGO CIVIL DE 1916

O Código Civil Brasileiro, projetado por Beviláqua, pelo menos em seus primórdios, fora haurido das clássicas concepções do mundo contratualista, norte das concepções iluministas, dos ideais liberais, no sobrelevamento da vontade do indivíduo, entendido e apergaminhado em seu antropocentrismo.

Como anota Orlando Gomes[57], na realidade, o nosso Código representou muito mais a cultura do povo português e seus ideários, que o próprio Código Português de 1867, inspirado em ideias propagadas por outras legislações europeias, que não nas ordenações do seu próprio reino.

O nosso Código, na Época, servindo-se do tratamento dispensado pelas Ordenações, foi fiel ao direito luso, muito mais que a legislação nascente de Portugal.[58] Esta, por sua vez, assumia franca posição liberal, advinda das concepções do Código Napoleônico, enquanto que, no Brasil, projetava-se ainda uma legislação de índole escravocrata. Assim, fulcrada na família, a nossa legislação era taxada de exacerbado privatismo doméstico, sobretudo no direito de família e no direito sucessório.[59]

Esclarece a doutrina[60] que o nosso direito codificado inicial, com a formação dos primeiros Códigos e Constituições, veio a florescer no meio de um liberalismo fragilizado pelo parco conhecimento da população, na sua grande maioria de analfabetos; liberalismo este que servira apenas de suporte para os interesses dos grandes proprietários de terras e do clientelismo, reinante em terras brasileiras, portanto, sem a sua raiz revolucionária, como aconteceu em França, na Inglaterra e nos Estados Unidos da América do Norte.

---

[56] IHERING, Rudolf Von, op. cit. p. 33.
[57] GOMES, Orlando. *Raízes históricas e sociológicas do código civil brasileiro*. São Paulo: Martins Fontes, 2003. p. 9.
[58] Ibidem. p. 10.
[59] MIRANDA, Pontes de. *Fontes e evolução do direito civil brasileiro*. Rio de Janeiro: Forense, 1981. p. 65-66.
[60] CURY, Vera de Arruda Rozo. *Introdução à formação histórica no Brasil*. Campinas: Edicamp, 2003. p. 129-130.

52 DA RESPONSABILIDADE CIVIL DO CONDUTOR DE VEÍCULO AUTOMOTOR

Os nossos Códigos Criminal e Comercial, assim como a Constituição, transformaram-se em repositórios de "ideias europeias impraticáveis", uma vez que alicerçados em ideais patrimonialistas, escravocratas e voltados para o clientelismo, redundando em "um liberalismo conservador que tentava reunir patrimonialismo e liberalismo". Por sua vez, o Código Civil de 1916, que vinha tentando exsurgir desde 1860, com o esboço de Teixeira de Freitas, refletindo este sistema patriarcal e individualista da sociedade que calcava sua economia basicamente na atividade agrária, voltava a estabelecer a simbiose entre patrimonialismo e liberalismo.[61]

Com a predominância dos interesses da elite aristocrática e da burguesia mercantil, apresentava-se a elite intelectual que galgava os altos postos do governo e a eles se jungia. Para aviltar os interesses das classes dominadoras em detrimento da grande população rural emergente na época, nada melhor do que importar os ideais liberais das sociedades estrangeiras, onde, no campo político, sustentavam-se pelo clientelismo eleitoral.

À classe média, que pertencia à elite intelectual da época, fora confiada a tarefa, já por demais matizada, de concluir a legislação, assim:

> Para a organização social do país, a racionalização dos interesses dos fazendeiros e comerciantes se processou por intermédio dessa classe, que os matizou com os pigmentos de seus preconceitos. Ajustada, e então, material e espiritualmente, à situação econômico-social do país, pelo apoio que recebia da burguesia rural e mercantil, transfundiu na ordem jurídica a seiva da sua ilustração, organizando uma legislação inspirada no direito estrangeiro, que, embora estivesse, por vezes acima da realidade nacional, correspondia, em verdade, aos interesses a cuja guarda e desenvolvimento se devotava.[62]

Nas precisas palavras de Orlando Gomes, o nosso Código anterior emergia de uma classe com a ocupação de dar ao nosso país um conjunto de normas, determinadas em afirmar a existência do regime capitalista de produção.[63]

Embora o nosso atual Código Civil não tenha trazido consistente alteração, traduzida em nova arquitetura substancial,[64] não se pode olvi-

---

[61] Ibidem, p. 134-135.
[62] GOMES, Orlando. *Raízes históricas e sociológicas do código civil brasileiro*. São Paulo: Martins Fontes, 2003. p. 25.
[63] Ibidem, p. 31.
[64] FACHIN, Luiz Edson. *Teoria crítica do direito civil*. Rio de Janeiro: Renovar, 2003. p. X.

O PRINCÍPIO DO ACESSO À JUSTIÇA COMO PRECEITO DE DEMOCRATIZAÇÃO **53**

dar dos progressos trazidos pelas incorporações de princípios jurídicos, os quais, mesmo que timidamente, foram apresentados nas entrelinhas de seus dispositivos.

4.6 O CÓDIGO CIVIL DE 2002. NOVOS PARADIGMAS

O novo Código, embasado em princípios jurídicos, subsumiu-os ora em cláusulas gerais, ora em conceitos jurídicos indeterminados.

Dessa forma, deve-se crer que ao magistrado deu-se maior liberdade de atuação para a correção dos desníveis do ordenamento bruto.

Os princípios de índole subjetivista, próprios da sociedade oitocentista, vêm sofrendo mitigação, mormente quando se trata de relação consumerista, com intuito de permeabilizar o direito contratual de novos princípios, já agora de índole social, próprios de uma sociedade de relações jurídicas massificadas, tais como o princípio da função social do contrato; pois, se a propriedade, como elemento estático da economia, deve observá-lo, com muito mais razão no que atine aos negócios contratuais, subsumidos como aspecto dinâmico da atividade econômica;[65] o da equivalência material dos pactos, ou seja, opera este princípio como balança de sopesamento das forças das partes numa dada relação jurídico-material; reequilibrando-as, caso necessário; e, por fim, o princípio da boa-fé objetiva, segundo o qual as partes devem observar a boa-fé como regra primordial de conduta social nas inter-relações humanas, importando conduta honesta, leal e correta, ou, simplesmente, modelo ideal de conduta entre os contraentes; isto é, serve como arquétipo exemplar de conduta, a ser observado pelos mesmos.

Com isso, o princípio da boa-fé objetiva se expressa em nosso ordenamento, não como verdadeira cláusula geral, tal como consagrada pelo § 242 do BGB alemão,[66] porém, como princípio expresso, em razão do advento do nosso atual Código Civil, e como conceito jurídico indeterminado, de acordo com o estabelecido no art. 51, IV, do Estatuto do Consumidor.[67]

Bem abalizado por nosso diploma substantivo, o princípio em comentário, ora se apresenta como cânone hermenêutico-integrativo (art. 113),

---

[65] LÔBO, Paulo Luiz Netto. Princípios contratuais. In: _____; LYRA JÚNIOR, Eduardo Messias Gonçalves de (Coords). *A teoria do contrato e o novo código civil.* Recife: Nossa Livraria, 2003. p. 11.

[66] MARTINS COSTA, Judhite. *A boa-fé no direito privado.* São Paulo: Revista dos Tribunais, 2000. p. 249.

[67] Ibidem, p. 327.

54 DA RESPONSABILIDADE CIVIL DO CONDUTOR DE VEÍCULO AUTOMOTOR

ora como regra de criação de deveres jurídicos (art. 422), e ora como fonte limitadora (art. 187).[68]

Pois bem, na realidade atual, com tais princípios arraigados em nosso ordenamento jurídico, encabeçado pelo princípio da boa-fé objetiva, exsurge a ampliação do espectro da responsabilidade contratual, propiciando-se o surgimento da responsabilidade pré-contratual, e também pós-contratual, inclusive quando lastreadas em determinadas ações subsumidas *nemo venire contra factum proprium.*

No campo do direito de família e das sucessões preocupam-se vários doutrinadores com a sua repersonalização,[69] esvaindo-se os três pilares fundamentais do direito privado clássico, quais sejam, o contrato, como forma de dominação pelo primado intangível da autonomia da vontade; a família, como organização social que serve de base para o sistema, de caráter meramente patrimonializante, e os meios de apropriação, sobretudo pelos institutos da posse e propriedade.

Com vistas a um novo amanhecer, o direito repousa sob conceitos novos arraigados da sociedade que anseia por uma justiça mais igualitária e eficaz. Para isso, nas precisas palavras de Fachin, deve-se "reconstruir o sujeito, ser coletivo", ou seja, a transformação do direito privado cinge-se a uma nova construção do significado do sujeito de direitos, buscando-se colocar o sujeito, não individual, mas como ser coletivo,[70] o qual, como célula *mater* social, transfunde-se na valorização do social pela sociedade posta.

Autores de renome, tais quais Gustavo Tepedino e Luiz Edson Fachin, conforme estudo que faz Maria Cristina Cereser Pezzella,[71] corroboram o entendimento de que, mesmo com suas nuanças, a nova legislação de direito privado, embora tenha tido o condão de reunir o direito obrigacional em um único Código, bem como a parte referente aos títulos de créditos, pecou por não observar a inserção do direito civil no ordenamento jurídico positivo frente à ordem constitucional vigente, deixando certos aspectos draconianos da legislação revogada ainda em vigor.

---

[68] LEAL, Larissa Maria de Moraes. Boa-fé contratual. In: LÔBO, Paulo Luiz Netto; LYRA JÚNIOR, Eduardo Messias Gonçalves de (Coords.). *A teoria do contrato e o novo código civil.* Recife: Nossa Livraria. p. 30-32.

[69] FACHIN, Luiz Edson. *Teoria crítica do direito civil.* Rio de Janeiro: Renovar, 2003. p. 12-13.

[70] Ibidem. p. 16-17.

[71] PEZZELLA, Maria Cristina Cereser. Código civil em perspectiva histórica. In: SARLET, Ingo Wolfgang (Org.). *O novo Código Civil e a Constituição.* Porto Alegre: Livraria do Advogado, 2003. p. 45-53.

De qualquer maneira, como ensina Marcos Ehrhardt Jr.[72],

Vivemos uma fase de consolidação de importantes conquistas, com diversas inovações em institutos jurídicos seculares como a propriedade, a família e o contrato. Nossa perspectiva deixa de ser a de um código de inspiração burguesa liberal, voltado à defesa intransigente do patrimônio, lastreado por uma concepção de igualdade puramente formal, sem sintonia com as necessidades sociais, e passa para a óptica daqueles que têm na dignidade humana seu referencial. Apesar de toda a discussão doutrinária acerca do novo Código Civil e dos efeitos das normas consagradoras dos direitos fundamentais nas relações privadas, é inegável que estamos numa fase de transição de um método de regulação fechado, baseado na segurança e certeza do Direito, para um método mais aberto, baseado na argumentação jurídica, ressaltando-se, em grande medida, o papel do intérprete.

A nova ordem jurídica, portanto, deve-se ater à normatividade dos princípios e regras constitucionais, tendo a Constituição Federal do Brasil como centro gravitacional, calcada no seu epicentro valorativo, a dignidade da pessoa humana. Isso, com efeito, não pode o intérprete descurar, sob pena de retrocesso social e jurídico.

---

[72] EHRHARDT JR., Marcos. Responsabilidade Civil no Direito Contratual Contemporâneo. In: EHRHARDT JR, Marcos (Org.). *Temas de direito civil contemporâneo. Estudos sobre o direito das obrigações e contratos em homenagem ao professor Paulo Luiz Netto Lôbo.* Salvador/BA: *Jus*podivm, 2009. p. 471-472.

5

APRESENTAÇÃO ATUAL DA RESPONSABILIDADE OBJETIVA NO DIREITO BRASILEIRO

Como se abordará mais adiante, a República Federativa do Brasil constituiu-se sob a forma de Estado Democrático de Direito, com nítido sentido de fazer prevalecer os princípios calcados na dignidade da pessoa humana e os da solidariedade social. Isso fez com que as perspectivas das relações jurídicas, assim como as sociais, assumissem um novo aspecto. Nesse sentido, todos os institutos do direito privado perceberam franca movimentação rotatória num ângulo, pode-se dizer assim, de 180 graus. Hoje, o paradigma da responsabilidade civil deve ser encarado sob o ponto de vista da vítima, atendendo à dignidade da pessoa, como ser humano, muito mais do que considerando a análise do caso sob as perspectivas do autor do fato danoso; sendo forçoso concluir que o atual panorama da responsabilidade civil democrática não procura por culpados, ou, até mesmo, por causadores do dano, mas sim, e decisivamente, por responsáveis pelo dano.

De fato, sob determinado ponto de partida, parece injusto atribuir-se responsabilidade, ou melhor, dever de reparação, àquele que não teve sua conduta culposa apurada em juízo, ou até mesmo desprezada, diante de um juízo quase absoluto de presunção de culpa. Todavia, enxergando sob o ponto de vista da vítima, parece mesmo que atribuir a ela os efeitos da conduta de outrem, quando evidentemente não tenha contribuído com sua conduta para o evento, nos casos de concorrência de fatos, ou de fato exclusivo da vítima, seria muito mais horrendo.

É evidente que o tema da objetivação da responsabilidade civil não vem se construindo em curto prazo.

Sob o ponto de vista prático, muitos autores, e entre eles, Georges Ripert[1], este fundado na característica da anormalidade do ato, já se posi-

---

[1] RIPERT, Georges. *Regime democrático e o direito civil moderno.* Trad. J. Cortesão. São Paulo: Saraiva, 1937. p. 327-333.

58 DA RESPONSABILIDADE CIVIL DO CONDUTOR DE VEÍCULO AUTOMOTOR

cionaram favoravelmente à adoção da teoria objetiva. Destarte, diz o autor francês que "a civilização material aumenta", e em contrapartida exige o sacrifício das vidas e integridade física dos corpos, assim, se observada pelo aumento dos acidentes causados, segundo as estatísticas, pelas explorações das vias férreas, pela circulação de veículos, pela extração de tantas toneladas de carvão etc. Por isso "a sensibilidade democrática, comove-se com essa injustiça nova que a civilização material ajunta a tantas outras, criadas pela desigual repartição dos bens", pois aqueles que estão a não usufruir das riquezas, que são a parte mais pobre da população, são os mesmos que sofrem mais as consequências dessas explorações, e conclui:

> A democracia não pode admitir uma organização econômica que separa na exploração os benefícios e os riscos. Repudia a regra do Código Civil que funda a responsabilidade na falta cometida; pede que não se trate mais de responsabilidade, mas de reparação. Se não encontra um indivíduo a quem possa fazer suportar os riscos, chega a pedir que a coletividade tome a seu cargo.

> A evolução da teoria da responsabilidade civil tem sido muitas vezes descrita, não se pode, porém, creio eu, compreendê-la plenamente sem esclarecer a ideia política que a inspira. É necessário não esquecer que durante um século as regras do Código Civil foram aplicadas sem se questionar o seu valor e que só no princípio deste século tudo começou a ser discutido. Atribui-se a evolução das ideias sobre a responsabilidade civil ao desenvolvimento da grande indústria e do mecanismo. A transformação da indústria é, na realidade, bem anterior à mudança das ideias jurídicas. Neste ponto, como em muitos outros, o fator político é preponderante.

É uma pena que o jurista Francês pareça ter mudado de opinião, quando já responde à sua própria indagação: por que a vítima, e não o autor?[2]

> Na realidade a escolha foi feita pela escolha obscura do destino. A vítima foi escolhida. Os homens estão acostumados a curvar-se ante à fatalidade. Admitir a ação de responsabilidade, não é atribuir o prejuízo, é modificar a sua atribuição natural. Ora as qualidades de autor e de vítima foram estabelecidas pelo acaso e, pela sua própria qualidade, a vítima não parece preferível ao autor. É preciso, pois, uma razão para a atribuição do prejuízo ao autor: onde encontrá-la?

> Quando a teoria do risco entende fazer derivar a lei de responsabilidade da lei de causalidade, destrói a ideia moral que é a única que pode justificar a

---

[2] Idem. *A regra moral nas obrigações civis*. Trad. da 3. ed. francesa Osório de Oliveira. Campinas: Bookseller, 2002. p. 215.

APRESENTAÇÃO ATUAL DA RESPONSABILIDADE OBJETIVA NO DIREITO BRASILEIRO **59**

responsabilidade. O homem sente-se responsável pelos prejuízos que causa por sua culpa, mas não pelos que causa pela sua ação sem que os tenha podido prever ou impedir, ou mais exatamente, ele diz que as não causa e repelindo a imputação de falta, destrói ao mesmo tempo o laço de causalidade.[3]

As duas faces de uma mesma moeda são encontradas em Ripert. Qual a melhor posição, se é que exista a possibilidade de escolha de uma melhor opção? A princípio, deita seus argumentos em um fundamento de cunho político, pelo qual o regime democrático não pode fazer separação entre os benefícios e o risco, oriundo de uma determinada atividade. Em contrapartida, repousa posteriormente seus argumentos na regra moral que deva coexistir em todas as relações civis, inadmitindo como moral a atitude do legislador atribuir responsabilidade, ou dever de reparação, àquele que, embora tenha dado causa a um resultado lesivo, não o fez por sua conduta faltosa, fazendo derivar "a lei de responsabilidade da lei de causalidade".

Ad argumentandum tantum, poderia mesmo se estabelecer como provido da ideia moral o estabelecimento da vítima, apenas como ente de suporte pelos danos oriundos de atividades estranhas à sua conduta, por isso mesmo imputável a terceiros, os quais auferem vantagens das mais variadas?

Com isso, quer-se dizer, juntamente com a mais abalizada doutrina hodierna da responsabilidade civil, que o direito deve preocupar-se com a responsabilidade para com a pessoa, muito mais do que com a responsabilidade da pessoa, "o que revela a dimensão antropológica no coração do direito".[4] Assim,

> As transformações da responsabilidade corresponderam a uma pretensão de proteção das vítimas. Torna-se cada vez mais claro que não basta tutelar a aspiração, inquestionavelmente legítima, de conservação da vida, ínsita do ser humano, mas reconhece-se como legítima, igualmente, e digna de tutela, o desejo que cada ser humano tem de usufruir a vida, concretizar seus projetos e suas realizações.[5]

Efetivamente, a responsabilidade civil moderna passa pelo fenômeno da coletivização, abrangência e objetivação, as quais devem ser analisadas em cotejo com as características modernas do Direito Civil.

---

[3] RIPERT, Georges. *A regra moral nas obrigações civis.* Trad. da 3. ed. francesa Osório de Oliveira. Campinas: Bookseller, 2002. p. 216.

[4] HOFMEISTER, Maria Alice Costa. *O dano pessoal na sociedade de risco.* Rio de Janeiro: Renovar, 2002. p. 90.

[5] Ibidem.

60 DA RESPONSABILIDADE CIVIL DO CONDUTOR DE VEÍCULO AUTOMOTOR

É de Francisco Amaral a reunião das mais importantes características do Direito Civil moderno. Em primeiro lugar, o direito civil passa por ampla influência do Direito Constitucional, no que atine à sua interpretação, conduzindo-o à sua constitucionalização; em segundo, vem dando ampla prevalência à sua própria personalização, com base no princípio da dignidade da pessoa humana, não se levando, contudo, há certa diminuição de importância da esfera patrimonial; em terceiro, o Direito Civil passa por uma desagregação, ou seja, começam a surgir ramos autônomos e quase independentes, com princípios parcialmente próprios, como no caso do direito do trabalhão, agrário, imobiliário etc.; em quarto, a questão da residuidade do Código Civil, o qual, não conseguindo abarcar por completo todas as questões do direito privado, perde espaço para microssistemas jurídicos, o que muitos chamam de "a era dos estatutos",[6] sendo esta a quinta característica.[7]

Aliás, como lembra Luís Roberto Barroso, o Estado contemporâneo passa por uma crise refletida pelos efeitos da globalização, tendo seu perfil redefinido pela formação de blocos políticos e econômicos e pela perda da densidade do conceito de soberania, mas não existindo qualquer sintoma da sua extinção. Porém, sob o ponto de vista da dogmática, esta sofreu profundas alterações pelos fenômenos do pós-positivismo ou principialismo, em um esforço de se suplantar o legalismo estrito sem se socorrer "às categorias metafísicas do jusnaturalismo". Tal fenômeno, para o articulista, gira em torno da mudança do centro gravitacional do sistema jurídico, ou seja, a Constituição passa a ser esse centro gravitacional, deixando de ser apenas uma supremacia formal, meramente, para ter "uma força material e axiológica potencializada pela abertura do sistema jurídico e pela normatividade de seus princípios", compreendida como ordem objetiva de valores;[8] a Constituição representa, pois, o filtro por que deve passar a interpretação de todo direito infraconstitucional.

Diante disso, deve-se ponderar que o instituto da responsabilidade civil sofrera profundas modificações de caráter, sobretudo, ontológico, e do ponto de vista prático. A constitucionalização da interpretação das

---

6   FACCHIN NETO, Eugênio. Reflexões histórico-evolutivas sobre a constitucionalização do direito privado. In: SARLET, Ingo Wolfgang (Org.). *Constituição, direitos fundamentais e direitos privados*. Porto Alegre: Livraria do Advogado, 2003. p. 63.

7   AMARAL, Francisco. *Direito civil:* introdução. 5. ed. rev., atual. e aum. de acordo com o novo Código Civil. Rio de Janeiro: Renovar, 2003. p. 151-157.

8   BARROSO, Luís Roberto. O estado contemporâneo, os direitos fundamentais e a redefinição da supremacia do interesse público. In: SARMENTO, Daniel (Org.). *Interesses públicos versus interesses privados:* desconstruindo o princípio da supremacia do interesse público. Rio de Janeiro: Lúmen Juris, 2005. p. IX–XIII.

APRESENTAÇÃO ATUAL DA RESPONSABILIDADE OBJETIVA NO DIREITO BRASILEIRO **61**

normas infraconstitucionais pode levar, inarredavelmente, à conclusão da sua objetivação e, inclusive, "o instituto da responsabilidade civil objetiva deveria ter uma teoria geral própria, estruturada sob o fundamento da solidariedade".[9] De outro turno, a objetivação deste instituto conduz invariavelmente ao respeito do princípio do acesso à justiça, como forma de substancialização democrática do Poder Judiciário, como se analisará em lugar e momento próprios.

O parágrafo único do art. 927, segunda parte, do novo Código Civil Brasileiro, embasado na teoria do risco, parece mesmo assumir franca posição de adoção da teoria do risco criado, preceituando que todo aquele que desenvolver uma atividade, que por si mesma crie riscos aos direitos de terceiros, encontra-se jungido à solução reparatória, independentemente da demonstração da culpa, por sua parte, e que, de outra forma, estaria sob encargo da vítima.

Dessa forma, a análise desses dispositivos origina variadas interpretações, como, por exemplo, há aqueles que defendem a existência de uma objetivação da responsabilidade civil, como sistema geral adotado pelo novo Código Civil, "transmudando o caráter até então excepcional da responsabilidade objetiva, em regra, isto é, em preceito legal geral".[10]

Muitos autores, mesmo antes da entrada em vigor do novo Código, e muito antes ainda de sua aprovação nas casas legislativas, já se inclinavam, mesmo que de forma parcimoniosa e inconsciente, para a tendência da objetivação da responsabilidade civil, a exemplo de Carlos Roberto Gonçalves,[11] que doutrinou:

> (...) O conceito tradicional de culpa nem sempre se mostra adequado para servir de suporte à teoria da responsabilidade civil, pois o fato de impor à vitima, como pressuposto para ser ressarcida do prejuízo experimentado, o encargo de demonstrar não só o liame de causalidade, como por igual o comportamento culposo do agente causador do dano, equivale a deixá-la irressarcida, visto que, em inúmeros casos, o ônus da prova surge como barreira intransponível.
>
> Por isso, embora não afastado, na maioria dos casos, o critério da culpa, procurou-se proporcionar maiores facilidades a sua prova. Os tribunais

---

[9] VIEIRA, Patrícia Ribeiro Serra. *A responsabilidade civil objetiva no direito de danos.* Rio de Janeiro: Forense, 2005. p. 40.

[10] HIRONAKA, Giselda Maria Fernandes Novaes. Tendências atuais da responsabilidade civil: marcos teóricos para o século XXI. In: DINIZ, Maria Helena; LISBOA, Roberto Sensine (Coords.). *O direito civil no século XXI.* São Paulo: Saraiva. p. 224-225.

[11] GONÇALVES, Carlos Roberto. *Comentários ao Código Civil.* São Paulo: Saraiva, 2003. v. 11. p. 546.

passaram a examinar com benignidade a prova de culpa produzida pela vitima, extraindo-a de circunstâncias do fato e de outros elementos favoráveis (a posição em que os veículos se imobilizaram, os sinais de frenagem, a localização dos danos etc. (...)

Da mesma forma, Alvino Lima,[12] há muito já preconizara que os artifícios criados pela doutrina, mesmo por aqueles partidários da teoria da culpa, para a facilitação de prova em processos onde se discute a culpa do causador do dano, nada mais eram do que teorias cujos fundamentos residiam na ideia do próprio risco:

> O estudo da evolução do conceito da culpa através do processo técnico posto em jogo, criando-se, ao lado das presunções *juris et de jure* da culpa, a teoria da culpa na guarda, as culpas preexistentes e prováveis, constitui a demonstração irrefragável da objetividade do conceito da responsabilidade extracontratual. Foram os próprios defensores da teoria subjetiva, verificando a impossibilidade de resolver o problema da reparação dos danos, nos acanhados limites da culpa subjetiva, exigindo a imputabilidade moral, que de tal forma, no intuito de não se desligarem jamais do elemento básico – a culpa –, que se perderam em conceitos a teoria, cujos fundamentos são, na realidade, o risco. As presunções *juris et de jure* não passam de casos de responsabilidade decorrente do próprio fato, pois, senão em teoria, mas na realidade, tais presunções são meros artifícios, "mentiras jurídicas" criadas com o intuito apenas de não dar às coisas os seus verdadeiros nomes.

Nessa perspectiva, será demonstrado, com relação ao enunciado do supracitado artigo, as expectativas do legislador frente aos avanços sociais na fenomenologia do instituto da responsabilidade civil em nosso direito.

5.1 ABRANGÊNCIA DO ENUNCIADO DA REGRA INSCULPIDA NO PARÁGRAFO ÚNICO DO ART. 927 DO NOVO CÓDIGO CIVIL

O novo diploma de direito substantivo inovou em matéria de responsabilidade civil objetiva, como antes referenciado. Atualmente, configura-se a responsabilidade sem culpa não apenas naqueles casos determinados por lei, mas também em decorrência do exercício de atividade considerada propiciadora de riscos, por si própria, aos direitos de outrem.

---

[12] LIMA, Alvino. *Culpa e risco*. São Paulo: Revista dos Tribunais, 1999. p. 327.

APRESENTAÇÃO ATUAL DA RESPONSABILIDADE OBJETIVA NO DIREITO BRASILEIRO **63**

O novo Código inovou, inclusive, com relação a vários diplomas de legislações alienígenas, nos quais se abeberou, tal qual o Código Civil italiano[13], segundo o qual, no seu art. 2.050, *"Aquele que ocasionar perigo a outro no exercício de uma atividade perigosa por sua natureza ou pela natureza dos meios adotados, ficará obrigado ao ressarcimento se não provar ter adotado todas as medidas idôneas para evitar o dano"*, [14] determinando a inversão do ônus da prova, nesses casos, impondo ao ofensor, o encargo de provar que não agiu com culpa para se livrar da obrigação de indenizar, tornando, destarte, imprescindível a demonstração do elemento subjetivo, a *contrario sensu*.

O Estatuto civilista da Itália, em conclusão, prevê a regra da responsabilidade subjetiva genérica, e mais usual, em seu art. 2.043, quando preceitua: *"qualquer fato doloso ou culposo, que cause a outrem um dano injusto, obriga aquele que o houver praticado a ressarcir o dano"*[15], e a regra da responsabilidade subjetiva, supracitada, com presunção relativa de culpa, em favor da vítima, regra esta fundada no exercício de uma atividade perigosa (*Responsabiltà per l'esercízio di attività periculose*), no seu art. 2.050.

Com relação aos acidentes decorrentes de circulação de veículos, o Código Civil da Itália previu o art. 2.054, inspirado que foi na Lei nº 1.740, de 8 de dezembro de 1933 (Código da Estrada), que já reproduzia uma lei antecedente, Lei nº 739, de 30 de junho de 1912, tendo sido essas duas leis, segundo Roger Aguiar, molas propulsoras tanto da redação do art. 2.050, quanto da redação do art. 2.054, ambos do Código italiano[16]. Este último dispositivo[17] também previu uma espécie

---

[13] Roger Silva Aguiar faz uma advertência quanto à importância maior do anteprojeto de Código de obrigações de 1941 para o atual direito brasileiro, de autoria de Orozimbo Nonato, Philadelpho Azevedo e Hahnemann Guimarães, anteprojeto este anterior ao de 1963, de autoria de Caio Mário da Silva Pereira, e ao Código Civil italiano, cujo preceito do art. 935 estabelece que: *"aquele que cria um perigo, em razão de sua atividade ou profissão, pela natureza delas, ou dos meios empregados, está sujeito à reparação do dano que causar, salvo se provar que adotou todas as medidas idôneas a evitá-lo"*. (AGUIAR, Roger Silva. *Responsabilidade civil. A culpa, o risco e o medo*. São Paulo: Atlas, 2011, p. 159).

[14] "Chiunque cagiona ad altri nello svolgimento di un attività periculosa, per sua natura o per la natura dei mezzi odoperati, é tenuto al risarcimento se non prova di avere adottato tutte lê misture idonee il danno". (tradução livre do dispositivo italiano).

[15] "Qualunque fatto doloso o colposo, Che cagiona ad altri un danno igiusto, obliga colui que ha commesso Il fatto a risarcire il danno" (tradução livre).

[16] AGUIAR, Roger Silva. *Responsabilidade civil. A culpa, o risco e o medo*. São Paulo: Atlas, 2011, p. 159.

[17] Art. 2.054: "(Circolazione di veicoli). Il conducente de um veicolo senza guida di rotaie è obbligato a risarcire Il danno prodotto a persone o a cose dalla circolizione

64 DA RESPONSABILIDADE CIVIL DO CONDUTOR DE VEÍCULO AUTOMOTOR

de responsabilidade subjetiva com presunção *iuris tantum* em favor do ofendido.

Por sua vez, o Código Civil de Portugal, em seu art. 493, segunda parte, estabelece que *"quem causar danos a outrem no exercício de uma actividade, perigosa por sua própria natureza, ou pela natureza dos meios utilizados, é obrigado a repará-los, excepto se mostrar que empregou todas as providencias exigidas pelas circunstâncias com o fim de os prevenir*[18]*"*.

Nesse espaço, o direito luso adotou, tal qual o Código italiano, a regra da responsabilidade civil, levando em consideração o exercício de uma atividade perigosa, gerando em favor da vítima uma presunção de culpa relativa, não adotando, às expressas, portanto, a responsabilidade objetiva para a hipótese.

O mesmo Código português[19] adota a teoria do risco criado, e em algumas hipóteses, a do risco-proveito, para os casos de responsabilidade daquele que causa dano a outrem na condução de veículo automotor, dispensando tratamento específico aos danos oriundos de acidente de trânsito.

Dessa forma, no seu art. 503, preceitua que:

1. Aquele que tiver a direcção efectiva de qualquer veículo de circulação terrestre e o utilizar no seu próprio interesse, ainda que por intermédio de comissário, responde pelos danos provenientes dos riscos próprios do veículo, mesmo que este não se encontre em circulação.

2. As pessoas não imputáveis respondem nos termos do artigo 489.

3. Aquele que conduzir o veículo por conta de outrem responde pelos danos que causar, salvo se provar que não houve culpa da sua parte; se, porém, o conduzir fora do exercício de suas funções de comissário, responde nos termos do n° 1.

É de se observar que dentro da sistemática utilizada pelo Código lusitano, o art. 503 está inserido na secção quinta, que trata da responsabilidade civil, e na subsecção segunda, a qual trata da responsabilidade pelo risco, especificando expressamente que tal dispositivo se refere aos acidentes causados por veículos.

---

del veicolo, se non prova di aver fatto tutto Il possibile per evitare Il danno (tradução livre).

[18] BASTOS, Jacinto Fernandes Rodrigues. *Código civil português*: anotado e actualizado. 15. ed. Coimbra: Almedina, 2005. p. 136. Aprovado pelo decreto-lei n° 47.344 de 25 de novembro de 1966.

[19] Ibidem.

APRESENTAÇÃO ATUAL DA RESPONSABILIDADE OBJETIVA NO DIREITO BRASILEIRO **65**

O art. 504 do mesmo Código explicita os beneficiários da responsabilidade:

1. A responsabilidade pelos danos causados por veículos aproveita a terceiro, bem como às pessoas transportadas.
2. No caso de transporte por virtude de contrato, a responsabilidade abrange só os danos que atinjam a própria pessoa e as coisas por ela transportadas.
3. No caso de transporte gratuito, a responsabilidade abrange apenas os danos pessoais da pessoa transportada.
4. São nulas as cláusulas que excluam ou limitem a responsabilidade do transportado pelos acidentes que atinjam a pessoa transportada.

O Código de Portugal, em seu art. 505, dispõe sobre as excludentes de responsabilidade:

Sem prejuízo do disposto no artigo 70.º, a responsabilidade fixada pelo nº 1 do artigo 503.º só é excluída quando o acidente for imputável ao próprio lesado ou a terceira, ou quando resulte de causa de força maior estranha ao funcionamento do veículo.

O Direito português adota a responsabilidade objetiva, fundada na teoria do risco criado, para aquele que conduz veículo automotor, ou seja, pela dicção do Código Civil, para quem tenha a direção efetiva do veículo, em seu próprio interesse, ainda que o veículo esteja sendo conduzido por comissário e mesmo que não esteja em circulação. O comissário, por sua vez, só responderá independentemente de culpa, caso esteja na atividade que extrapole o exercício de sua função; ao revés, pode ele deixar de ser responsabilizado se mostrar que não houve culpa de sua parte. Porém, o comitente sempre responderá independentemente da demonstração de culpa de sua parte, conforme preceito maior do art. 503 citado.

O condutor do veículo automotor, o comitente, ou o comissário que exorbite o exercício estrito da sua função na condução de um veículo, só deixarão de ser responsabilizados caso comprovem a quebra do nexo causal por fato exclusivo da vítima, por fortuito externo ou por fato de terceiro, derivando da interpretação do dispositivo legal em comentário, fato de terceiro equiparado ao fortuito externo (art. 505).

É de se observar que o Código de Portugal não se refere às causas excludentes de responsabilidade civil de forma geral, mas apenas às causas de corte do próprio nexo causal, elemento objetivo da responsabilidade civil, sem recorrer ao conceito de culpa, com a exceção da responsabilidade do comissário, o qual não responde se comprovar que não agiu com culpa, nos estreitos limites do exercício da atividade que lhe fora conferida.

O Código libanês admite a responsabilidade objetiva pelo fato da coisa, "afirmando-a mesmo quando estas não se encontrem sob o controle do agente, como um automóvel em movimento, um avião em voo, um elevador em funcionamento, admitindo como excludentes a força maior e o caso fortuito" (art. 131).[20]

O Código Civil brasileiro, portanto, encontra-se entre aqueles que adotam a teoria do exercício de uma atividade perigosa, ou simplesmente que implique riscos aos direitos de outrem; mas, muito ao contrário, não prevê o mecanismo da inversão do *onus probandi*, admitido pelos Códigos Civil italiano e português, nos casos mencionados.

Segundo o parágrafo único do art. 927 do Código Reale[21], "*haverá obrigação de reparar o dano, independentemente de culpa, nos casos especificados em lei, ou quando a atividade normalmente desenvolvida pelo autor do dano implicar, por sua natureza, riscos para o direito de outrem*".

Embora tenha se estabelecido, já aqui, que a atividade de conduzir veículos automotores não seja daquelas que implique o simples risco especializado, mas sim agravado, conforme será explicitado mais adiante, e, por isso mesmo considerada perigosa, a cláusula genérica de responsabilidade objetiva, ora em estudo, não subsume à sua área de abrangência apenas aquelas atividades, de fato, "perigosas". É que tal cláusula não utilizou qualquer locução que tenha ligação com a ideia de perigo, entretanto, assumiu franca posição de caracterizar a responsabilidade objetiva quando a atividade seja implicadora de simples riscos aos direitos de outrem, não sendo toda atividade implicadora de riscos considerada, por assim dizer, perigosa, embora toda a atividade perigosa seja ensejadora de risco[22].

Em resumo, para que uma atividade possa embasar a utilização da teoria objetiva da responsabilidade civil, basta que tal atividade implique, ou induza risco especial aos outros[23], independentemente de ser ela arriscada, ou "perigosa". Portanto, o legislador, além de superar o conceito de

---

[20] GONÇALVES, Carlos Roberto. *Comentários ao código civil*. São Paulo: Saraiva, 2003. v. 11. p. 315.

[21] Assim como se atribui a Clóvis Beviláqua a autoria do projeto do código Civil de 1916, hoje, atribui-se a Miguel Reale a inteligência propulsionadora da criação do código em vigor.

[22] MARANHÃO, Ney Stany Morais. *Responsabilidade civil objetiva pelo risco da atividade*: uma perspectiva civil-constitucional. São Paulo: Método, 2010, p. 246-252.

[23] GODOY, Cláudio Luiz Bueno de. *Responsabilidade civil pelo risco da atividade*. Coleção Prof. Agostinho Alvim. São Paulo: Saraiva, 2010, p. 113.

APRESENTAÇÃO ATUAL DA RESPONSABILIDADE OBJETIVA NO DIREITO BRASILEIRO **67**

culpa para propiciar um juízo reparatório, supera também a necessidade de se considerar apenas aquelas atividades vistas como perigosas para engendrar um decreto condenatório reparador em favor da vítima.

A atividade de conduzir veículo automotor é propiciadora de perigo, muito mais do que de simples risco[24] e, com muito maior razão, deve ser submetida aos contornos da cláusula em exame.

5.2 CONCEITO DE ATIVIDADE PERIGOSA E SUA EXTENSÃO À ATIVIDADE DESENVOLVIDA PELO CONDUTOR DE VEÍCULOS AUTOMOTORES

Antes mesmo da conceituação da expressão "atividade perigosa", faz-se mister deixar consignado que a cláusula de responsabilização objetiva não trabalhou apenas com o conceito de atividade perigosa para a configuração da responsabilidade objetiva pela causação de um dano decorrente do seu exercício, considerando toda e qualquer atividade, simplesmente propiciadora de risco, perigosa ou não, como hábil a configurar a responsabilidade sem culpa do seu exercente, conforme se restou esclarecido linhas atrás. É que, como será exposto no capítulo 6, nem toda atividade propiciadora de risco é perigosa, posto que existe trivial distinção entre atividade implicadora de risco e atividade propriamente arriscada, ou como aqui se prefere utilizar, perigosa.

A atividade perigosa, na realidade, deve ser entendida pelo magistrado de forma casuística. Em geral, pode-se asseverar que a atividade é considerada perigosa quando cria, por si mesma, riscos maiores do que aqueles oriundos de atividades outras consideradas, por isso, comum em relação àquela, ou seja, tais atividades devem ser entendidas como aquelas que revelem em si um alto risco, ou um risco maior que o normal, justificando um sistema mais severo de responsabilização.

Carlos Roberto Gonçalves[25] ressalta a atividade perigosa como sendo aquela que engendra uma notável potencialidade danosa, tendo-se em vista a normalidade média das ações do homem comum.

Muitos doutrinadores[26] pátrios citando o Enunciado nº 38 do centro de estudos judiciários do Conselho da Justiça Federal elucidam que "a

---

[24] Para uma análise mais acurada das distinções entre os conceitos de risco e perigo, leia-se o capítulo 6 do presente escrito, que trata da matéria mais profundamente.

[25] GONÇALVES, Carlos Roberto. *Comentários ao código civil*. São Paulo: Saraiva, 2003. v. 11. p. 316-317.

[26] DINIZ, Maria Helena. Responsabilidade civil. In: _____. *Curso de direito civil brasileiro*. São Paulo: Saraiva, 2003. v. VII, p. 52.

68 DA RESPONSABILIDADE CIVIL DO CONDUTOR DE VEÍCULO AUTOMOTOR

responsabilidade, fundada no risco da atividade, configura-se quando a atividade normalmente desenvolvida pelo autor do dano causar à pessoa determinada, um ônus maior que aos demais membros da coletividade"; sem, contudo, fazer a distinção entre os termos "perigosa" e "de risco", concluindo que a utilização de um veículo (terrestre, marítimo ou aéreo) constitui atividade perigosa.

Como será posteriormente observado, a doutrina brasileira, de forma geral, não vem raciocinando sob as perspectivas da objetivação da responsabilidade civil, bem como de se estender à atividade desenvolvida pelo condutor de veículo automotor o conceito esgrimido na locução do dispositivo da lei ora analisado, qual seja, a da segunda parte, do parágrafo único, do art. 927 do Código Civil.

Estudo importante foi realizado por José Acir Lessa Giordani, cujo título emblemático revela a caracterização da cláusula genérica da responsabilidade objetiva no Código Civil de 2002.

Nesse estudo, o referido autor desenvolve a interpretação não excludente e restritiva, entendendo que a atividade desenvolvida pelo condutor, como outras mais assemelhadas, enquadra-se no conceito esculpido na aludida regra, arrematando que os atropelamentos e outros acidentes de trânsito cada vez mais se intensificam, aumentando em proporção geométrica a quantidade de vítimas fatais, sendo tais vítimas justamente as pessoas que não se beneficiam com o conforto e a celeridade proporcionados pelos veículos,[27] fazendo uma analogia à responsabilidade para com as vítimas de acidentes de trabalho, as quais não têm seus salários relacionados diretamente com os ganhos auferidos pela implantação de maquinários usados na produção de uma empresa.

Aqui se apoiará a conclusão de que a condução de veículo automotor, além mesmo de ser considerada implicadora de riscos especiais aos direitos de outrem, implica risco agravado, e, por isso mesmo, ser considerada atividade "perigosa".

5.3 PARA UMA INTERPRETAÇÃO DINÂMICA E EVOLUTIVA DO DIREITO

A questão da interpretação paira sobre o espírito do homem desde quando começou a sentir a necessidade de comunicar-se com seus pares. Sendo assim, seja através da linguagem escrita, seja da verbal,

---

[27] GIORDANI, José Acir Lessa. *A responsabilidade civil objetiva genérica no código civil de 2002*. Rio de Janeiro: Lumen Juris, 2004. p. 33.

APRESENTAÇÃO ATUAL DA RESPONSABILIDADE OBJETIVA NO DIREITO BRASILEIRO **69**

urge a necessidade de se apreender o conteúdo e alcance do enunciado emitido.

Por exemplo, a interpretação dos enunciados da Bíblia Sagrada, em flagrante contraste com o que preceituava a Igreja, por seus doutos, levou muitos gênios à danação da fogueira, ou, pelo menos, às agruras do processo inquisitivo.

Interessante a propalada discussão a respeito dos sistemas copernicano e ptolomeico a respeito do centro do universo. Para o último, a Terra era o centro de todo o universo, enquanto que para o primeiro, o Sol era o verdadeiro centro do nosso "sistema". A discussão, então, girava em torno da interpretação meramente literal do texto da Bíblia referente ao livro de Josué, que diz que o Sol e a Lua foram detidos, sendo o Sol detido no meio do céu, não se apressando a pôr-se, "quase um dia inteiro",[28] o que elucidava a mobilidade do Sol e a estabilidade da Terra, pelo que tudo girava ao seu derredor.

Galileu Galilei, baseado em métodos de pesquisas científicas, corroborava com a tese copernicana, dizendo ser contrária à natureza a tese oposta e afirmando ainda que as escrituras deveriam ser interpretadas em sentido distinto das palavras, quando denunciava:

> (...) Depois, as conclusões a respeito da natureza nas quais dizem estes teólogos que devemos nos apoiar sobre as escritura, sem glosá-la ou interpreta-la em sentidos distintos das palavras, dizem ser aquelas das quais a escritura fala sempre do mesmo modo e que todos os Santos Padres aceitam e expõem no mesmo sentido. Ora, a respeito destas determinações me ocorre considerar alguns particulares que proporei, para ser acautelado a respeito por quem mais do que eu entende destas matérias, ao juízo dos quais eu sempre me submeto.[29]

Dizia Galileu que as ciências da natureza e a matemática jamais poderiam se opor às sagradas escrituras, e que, se isso parecesse ocorrer, devia-se ao espírito de fraqueza da inteligência humana "que não pode penetrar o verdadeiro ensinamento da escritura neste ponto preciso".[30]

O astrônomo e matemático entendia bem que a interpretação de um texto não pode se descurar dos fatos que o circundam e do conhecimento humano disponível em dada época:

---

[28] BÍBLIA SAGRADA. Livro de Josué. cap. 10, vers. 12-15.

[29] GALILEI, Galileu. *Ciência e fé*. Trad. Carlos Arthur R. do Nascimento. Instituto Cultural Ítalo-Brasileiro, 1988. p. 58.

[30] Ibidem. p. 96-97.

70 DA RESPONSABILIDADE CIVIL DO CONDUTOR DE VEÍCULO AUTOMOTOR

Ouço dizer que os padres, ao interpretar as passagens da escritura referentes a este ponto, concordam em interpretá-las de acordo com o sentido mais simples possível e de conformidade com o puro significado das palavras. Não convém, portanto, emprestar-lhes outro ensinamento nem alterar a explicação comum, porque isso seria acusar os padres de inadvertência ou negligência. Respondo, admitindo tão razoável e conveniente advertência, mas acrescento que temos mais do que pronta a desculpa para os padres. É que eles não explicaram jamais as escrituras de modo diverso do que soam as palavras nesta matéria porque a opinião da mobilidade da Terra estava no tempo deles inteiramente morta e nem mesmo se discorria a respeito dela, bem como não se escrevia sobre ela e nem era sustentada.[31]

Em sentido genérico podemos afirmar que interpretar é determinar o verdadeiro sentido e alcance do objeto hermenêutico, ou melhor, como afirma Bobbio, "interpretar significa remontar do signo (*signum*) à coisa significada; isto é, compreender o significado do signo, individualizando a coisa por este indicada,[32] assim, é a atividade destinada a compreender "o significado de alguma coisa que funcione como sinal de outra: através do signo o intérprete remonta ao *designatum*, isto é, ao objeto a que o sinal remete".[33]

Nesse ensejo, por meio de análise do elemento pragmático, será buscado no entendimento dos enunciados linguísticos a vontade do legislador, se bem que a lei representa vontade própria de acordo com a evolução social dos princípios arraigados no seio da ordem evolutiva da sociedade,[34] todavia, a vontade do legislador deve ser buscada ainda em algumas situações, como se comprovará oportunamente; da análise do elemento semântico, busca-se o significado próprio das palavras, do signo que representa a coisa e da análise do elemento sintático, visa-se a conexão dessas palavras, ou ao melhor significado delas representadas pelo signo.[35]

Como afirma Eros Roberto Grau, a atividade interpretativa, hoje, não pode repousar apenas nos postulados clássicos de interpretação, com base na ideologia estática da interpretação, [36] pois que toda interpretação é produto de uma época, de um momento histórico, deflagrando um

---

[31] Ibidem. p. 97-98.
[32] BOBBIO, Norberto. *O positivismo jurídico*. São Paulo: Ícone, 1995. p. 212.
[33] LUMIA, Giuseppe. *Elementos de teoria e ideologia do direito*. Trad. Denise Agostinetti. São Paulo: Martins Fontes, 2003. p. 78.
[34] GRAU, Eros Roberto. *Ensaio sobre a interpretação/aplicação do direito*. 2. ed. São Paulo: Malheiros, 2003. p. 115.
[35] LUMIA, op. cit., p. 79.
[36] GRAU, loc. cit.

APRESENTAÇÃO ATUAL DA RESPONSABILIDADE OBJETIVA NO DIREITO BRASILEIRO **71**

processo de observação das forças materiais, da posição do sujeito da interpretação, do cenário e momento históricos[37] etc. A interpretação do texto de uma norma não deve ser feito "em tiras", ou por assim dizer, isolado do seu contexto normativo, inclusive constitucional, e muito menos deve se prender à visão estática da época em que fora elaborado.[38] Sendo a interpretação uma "prudência", e não uma ciência, crê-se, com o autor, que não existe uma interpretação falsa ou verdadeira, mas isso, por paradoxal que possa parecer, não significa dizer que o direito não admite interpretação, por isso mesmo, mais prudente, mais de acordo com a evolução dos conceitos, ou termos, exprimidos pelo povo duma dada sociedade.

Hans Kelsen[39] distingue a interpretação realizada por um órgão aplicador do direito (o Juiz), caracterizando-a como interpretação autêntica, e a interpretação realizada pela ciência jurídica. Esta não cria direito novo, peculiaridade da interpretação autêntica, criadora, por sua natureza, do direito, tendo em vista que, uma vez transitada em julgado a sentença (decisão) proferida pelo órgão julgador do direito, cria-se a regra aplicável ao caso concreto, donde exsurgir a função criadora do direito.

A ciência jurídica, por sua vez, realiza interpretação jurídico-científica, na qual busca, dentro da moldura da norma que se está construindo, estabelecer as suas possíveis significações. Nesse caso, não existe uma interpretação "verdadeira" ou "correta", a norma com sentido unívoco, mas sim com variadas possibilidades dentro da moldura estabelecida pelo legislador. Dessa forma, a interpretação jurídico-científica deve evitar o máximo possível a "ficção" de que o direito (a norma jurídica) admite apenas uma única interpretação correta, sob pena de se exercer muito mais uma função jurídico-política do que efetivamente jurídico-científica, fato este estranho à ciência do direito e mais peculiar à política do direto. Em outro passo, na interpretação autêntica, tal processo se constitui, para Kelsen, como uma operação cognoscitiva que busca o sentido de uma norma como ato de vontade em que o órgão aplicador do direito efetua uma escolha de determinado significado entre as possibilidades reveladas pelo processo interpretativo, sendo este ato de vontade que diferencia a

---

[37] BARROSO, Luis Roberto. Fundamentos teóricos e filosóficos do novo direito constitucional brasileiro: pós-modernidade, teoria crítica e pós-positivismo. In: _____ (Org.). *A nova interpretação constitucional:* ponderação, direitos fundamentais e relações privadas. Rio de Janeiro: Renovar, 2006. p. 3.

[38] Ibidem. p. 70, 87, 109.

[39] KELSEN, Hans. *Teoria pura do direito.* Trad. João Baptista Machado. 6. ed. São Paulo: Martins Fontes, 2003. p. 392-396.

72 DA RESPONSABILIDADE CIVIL DO CONDUTOR DE VEÍCULO AUTOMOTOR

interpretação feita pelo órgão criador do direito das demais formas de interpretação.[40]

Para Friedrich Muller,[41] na verdade, o que se busca quando se fala em interpretação da norma jurídica, nada mais é que a concretização desta norma, através da interpretação do texto da norma. Esta é subdividida em dois âmbitos: o primeiro se refere ao seu texto, que representa como o programa da norma, e o segundo, o âmbito da norma, sendo, tal âmbito, um fator coconstitutivo da normatividade. Com isso, a atividade de concretização é destinada a um fato, sempre, seja ele real ou pendente, sendo a interpretação um elemento importante, mas não o único, do processo concretivo. Portanto, a metódica tradicional afasta a atividade interpretativa da tópica, ou seja, do caso concreto, ou hipotético, referente a um determinado fato, que ele denomina de metódica estruturante, sendo esta objeto de estudo da metódica tradicional.[42]

Dentro da perspectiva da metódica racional, o intérprete realiza uma atividade cognitiva, na qual os elementos se interpenetram, sendo o elemento gramatical um subelemento da concretização. Assim, deve-se ter sempre em mente, quando para a metódica tradicional, o elemento literal do texto da norma é sua pedra de toque, pelo que já se entendeu que o texto "claro" não admite interpretação, por ser seu sentido "unívoco", para a metódica racional – sendo estas expressões do referido escritor – tal elemento passa a ser mais um elemento importante na estrutura do processo de interpretação, concatenado ao próprio processo de concretização. Logo, evidente que a interpretação deve-se ater, não mais ao espírito do legislador, mas a toda uma estrutura funcionante de um mecanismo que gira em torno, de maneira premente, dos anseios políticos de um Estado, e, deve-se concluir, pela vinculação direta aos vetores constitucionais.

Tratando dos elementos coconstitutivos da normatividade, Muller argumenta:

> O âmbito da norma não é idêntico aos pormenores materiais do conjunto dos fatos. Ele é parte integrante material da própria prescrição jurídica. Da totalidade dos dados afetados por uma prescrição, do "âmbito material", o programa da norma destaca o âmbito da norma como componente da hipótese legal normativa (normativtatbestand). O âmbito da norma é um fator coconstitutivo da normatividade. Ele não é uma soma de fatos, mas

---

[40] KELSEN, Hans. *Teoria pura do direito.* Trad. João Baptista Machado. 6. ed. São Paulo: Martins Fontes, 2003. p. 394.

[41] MULLER. Friedrich. *Métodos de trabalho do direito constitucional.* Trad. Peter Naumann. 2. ed. São Paulo: Max Limonad, 2000. p. 57-58, 62.

[42] Ibidem. p. 61-63.

APRESENTAÇÃO ATUAL DA RESPONSABILIDADE OBJETIVA NO DIREITO BRASILEIRO **73**

um texto formulado em termos de possibilidade real de elementos estruturais que são destacados da realidade social na perspectiva seletiva e valorativa do programa da norma e estão, via de regra, conformados de modo ao menos parcialmente jurídicos. Em virtude da conformação jurídica do âmbito da norma e em virtude de sua seleção pela perspectiva do programa da norma, o âmbito da norma transcende a mera facticidade de um recorte da realidade extrajurídica. Ele não é interpretável no sentido de uma "força normativa do fáctico". Com isso a norma jurídica prova ser um modelo de ordem materialmente caracterizado (sachgepragtes Ordnumgsmodell), esboço vinculante de um ordenamento parcial da comunidade jurídica que representa o enunciado jurídico em linguagem e na qual os fatores ordenante e ordenado necessariamente formam uma unidade e se complementam e reforçam reciprocamente de forma incondicional na práxis da realização do direito. Uma regra jurídica produz o esboço vinculante de uma ordem materialmente caracterizada, que no entanto não se dissolve no fato de ela ser materialmente determinada (Sachgegebenheit). O âmbito da norma entra no horizonte visual da norma jurídica bem como da norma de decisão unicamente no enfoque indagativo determinado pelo programa da norma. Legislação, administração e tribunais que tratam na prática o âmbito da norma como normativo, não sucumbem a nenhuma normatividade apócrifa do fáctico. O Tribunal Constitucional Federal voltou-se com razão contra a acusação de que tal procedimento decorreria de um "sociologismo" ou de que ele teria se devotado a uma metódica "não jurídica".[43]

Paulo Bonavides[44] explica que a teoria concretista formulada por Muller procurou dar uma acepção racional à tópica introduzida por Viheweg, com a publicação do seu trabalho, em 1953, denominado "tópica e jurisprudência". A tópica foi construção que buscava libertar do tradicionalismo clássico a interpretação, invertendo o ponto de vista dela para o problema, ou seja, "o pensar o caso concreto", tendo-se por perspectiva a força material da Constituição. Os elementos de interpretação não são desleixados pela tópica, mas podem ou não ser utilizados pelo intérprete, na solução do caso, com o sobrelevamento do problema – "pensar o problema" – para a sua solução. Trata-se de uma "abertura metodológica", que em nada correspondia aos preceitos clássicos e formais de mera subsunção.

Sendo dessa forma, Muller procurou "reestruturar" a tópica ao processo de concretização da norma, não mais falando de interpretação da norma, mas partindo do fato, do programa da norma e do âmbito da norma,

---

[43] MULLER. Friedrich. *Métodos de trabalho do direito constitucional*. Trad. Peter Naumann. 2. ed. São Paulo: Max Limonad, 2000. p. 58-59.

[44] BONAVIDES, Paulo. *Curso de direito constitucional*. São Paulo: Malheiros, 2006. p. 488-496.

74 DA RESPONSABILIDADE CIVIL DO CONDUTOR DE VEÍCULO AUTOMOTOR

fala de desenvolvimento de um processo de concretização, interpretando-se os fatos e o texto da norma, como explicitado alhures. Não deixava então de ostentar o trabalho do intérprete em investigar as premissas, voltado à compreensão prévia do problema, apta a fundamentar um sistema material do direito, para o próprio caso concreto; isso, redundando, como lembra Bonavides, em uma hermenêutica estruturada para permitir explicar a Constituição com toda a sua força normativa, eficacial.[45]

Para Grau, que segue o raciocínio anteriormente expendido, o que se interpreta não é a norma, mas o texto da norma e os fatos, para que daí o juiz, o qual para Kelsen é o único intérprete autêntico do direito, pois este é também criador do direito, "da norma individual", tal qual o legislador, cujas diferenças entre os dois são apenas quantitativas, e não qualitativas, sendo livre, dentro da moldura a ele concedida para o ato da criação,[46] possa extrair a norma jurídica, e dela, a norma de decisão, norma de criação judicial do direito.[47]

A interpretação é atividade constitutiva, busca-se a constituição da norma jurídica, como dito, e, como consequência, a norma de decisão, individual. Contudo, a interpretação não pode repousar como uma atividade de mera concreção da norma ao fato, como mero raciocínio silogístico, tal atividade é mais árdua, já que hoje o juiz não é meramente "a boca que expressa as palavras da lei ou *bouche de la loi*, mas sim o intérprete autêntico, desde Kelsen, que busca a consolidação da norma jurídica diante dos fatos circundantes do caso concreto, dos princípios específicos e gerais de direito, implícitos e explícitos, valendo-se daqueles que interpretam a norma com intuito de determinação cognoscitiva dos sentidos (a doutrina), buscando, e aí sim é correto exprimir, não tanto, mas também, a vontade do legislador, mas sim premente e primacialmente o 'sentido da lei', atribuindo-se a essa última uma vida independente e autônoma, suscetível a desenvolvimentos e a evoluções".[48] Trata-se de atividade que realiza o "círculo interpretativo", nas precisas palavras de Gustavo Zagrebelsky, ou seja, o intérprete parte do caso, que é o motor que o impulsiona, indo ao direito, em busca de uma resposta, para compor as exigências do caso e as pretensões das regras jurídicas. Assim:

---

[45] Ibidem. p. 499-501.

[46] KELSEN, Hans. *Teoria pura do direito*. Trad. João Baptista Machado. 6. ed. São Paulo: Martins Fontes, 2003. p. 393.

[47] GRAU, Eros Roberto. *Ensaio sobre a interpretação/aplicação do direito*. 2. ed. São Paulo: Malheiros, 2003. p. 25.

[48] LUMIA, Giuseppe. *Elementos de teoria e ideologia do direito*. Trad. Denise Agostinetti. São Paulo: Martins Fontes, 2003. p. 80.

APRESENTAÇÃO ATUAL DA RESPONSABILIDADE OBJETIVA NO DIREITO BRASILEIRO **75**

En el proceso de interpretación del derecho, el caso es el motor que impulsa al intérprete y marca la dirección. Partiendo del caso se acude al derecho para interrogarlo y obtener de él una respuesta. A partir del caso, el intérprete procede a buscar las reglas y vuelve a él, en un procedimiento circular (el llamado "círculo interpretativo") de dirección bipolar que finaliza cuando se componen de modo satisfactorio las exigencias del caso y las pretensiones de las reglas jurídicas.

Cuando el resultado interpretativo no violenta ni unas ni otras, puede decirse que se ha "logrado" la interpretación. Pero cuando esto no sucede, se ponen de manifiesto las diferencias entre la concepción actual del derecho y la dominante en la época del Estado de derecho decimonónonico. Allí era la ley la regla jurídica que contrastaba con las exigencias de regulación y nada podía impedir su aplicación. Operaba la máxima *dura lex sed lex,* que es la quintaesencia del positivismo acrítico. Hoy, por el contrario, la imposibilidad de alcanzar aquella composición abre una cuestión que no afecta ya a la interpretación de la ley, sino a su validez. Las exigencias de los casos cuentan más que la voluntad legislativa y pueden invalidarla. Debiendo elegir entre sacrificar las exigencias del caso o las de la ley, son estas últimas las que sucumben en el juicio de constitucionalidad al que la propia ley viene sometida.[49]

Com isso pode-se afirmar a existência de uma digressão do modelo lógico-dedutivo de interpretação, buscando-se uma coordenação valorativa, o que, segundo Larenz, para a apreciação de uma dada situação de fato, buscando subsumi-la a uma dada proposição normativa potencialmente aplicável, deve o juiz realizar a valoração também na interpretação da conduta humana e em outros juízos extraídos da experiência social, assim como juízos de valor e através de uma dada margem de livre interpretação por parte do julgador, quando da impossibilidade de utilização de ponderações convincentes.[50]

Como o ordenamento não pode prever hipoteticamente todas as soluções para todos os casos particulares, e, hodiernamente, busca uma formulação de técnicas de princípio muito mais que casuísticas, chegando uns a ponderar a tendência dos paradigmas dos princípios,[51] e ainda que o contrário se observasse, "a linguagem aberta e natural utilizada pelo legislador propicia ao intérprete uma grande margem de liberdade

---

[49] ZAGREBELSKY, Gustavo. *El derecho dúctil:* ley, derecho, justicia. Trad. Marina Gascón. Madrid: Trotta, 2005. p. 133-134.

[50] LARENZ, Karl. *Metodologia da ciência do direito.* Trad. José Lamego. 3. ed. Lisboa: Fundação Calouste Gulbenkian, 1997. p. 403.

[51] GRAU, Eros Roberto. *Ensaio sobre a interpretação/aplicação do direito.* 2. ed. São Paulo: Malheiros, 2003. p. 129.

76 DA RESPONSABILIDADE CIVIL DO CONDUTOR DE VEÍCULO AUTOMOTOR

para realização de uma interpretação objetiva – atualista, de natureza teleológica".[52]

A teoria moderna do Direito Civil Constitucional vem propalando tais ideias, ponderando que não é suficiente a compreensão do processo interpretativo, tendo em vista um único método válido. Portanto, como doutrina Pietro Perlingieri, a razão não tem uma única forma, ou seja, a racionalidade do método não se verifica com a escolha de um único método válido, não sendo necessário que o processo interpretativo se constitua em uma forma lógica, matemática ou "simule os procedimentos das ciências naturais", para se garantir um "rigor" da argumentação do intérprete. Para isso, afirma o professor italiano que "não existe um texto fechado em si mesmo"; o texto é o ponto de partida para a construção do processo interpretativo, e este não tem o seu conteúdo exprimido pelo legislador, na sua elaboração, mas essa fase de produção é apenas uma das fases, pelas quais o texto amadurece pela sua recepção por seu intérprete; entretanto, desse texto, o intérprete não pode "saltar deliberadamente", ou mesmo, simplesmente, ignorá-lo. A interpretação, segundo ele, é lógico-sistemática e teleológico-axiológica, isto é, finalizada a atuação dos novos valores constitucionais. Por sua vez, as normas constitucionais, dentro da hierarquia de fontes, tem prevalência, "mesmo em presença de uma norma específica". Essa interpretação axiológica determina que os enunciados normativos sejam construídos de acordo com o disposto pela tábua de valores que é a base do ordenamento.[53]

A regra em estudo expressa:

> Haverá obrigação de reparar o dano, independentemente de culpa, nos casos especificados em lei, ou quando a atividade normalmente desenvolvida pelo autor do dano implicar, por sua natureza, risco para os direitos de outrem.

Tal regra, como se trata de cláusula geral de responsabilidade objetiva, apoia-se no princípio do risco que embasa a teoria ora estudada. A evolução dos conceitos individualistas, de uma sociedade liberal e pós-liberal, para conceitos de índole social, supedaneado no princípio da efetividade da tutela jurisdicional e no princípio da igualdade substancial,[54]

---

[52] GOUVEIA, Lúcio Grassi de. *Interpretação criativa e realização do direito.* Recife: Bagaço, 2002. p. 117.

[53] PERLINGIERI. Pietro. *Perfis do direito civil:* introdução ao direito civil constitucional. Trad. Maria Cristina de Cicco. Rio de Janeiro: Renovar, 2002. p. 65-66, 71-73, 75.

[54] NEGREIROS, Tereza. *Teoria dos contratos*: novos paradigmas. Rio de Janeiro: Renovar, 2002. p. 203.

APRESENTAÇÃO ATUAL DA RESPONSABILIDADE OBJETIVA NO DIREITO BRASILEIRO **77**

Constituição Federal, art. 3.º, III, c/c o art. 5.º, XXXV, evidenciam uma interpretação evolutiva, no contexto dantes referenciado, da norma epigrafada, "pois a aplicação de uma 'cláusula geral' deve ser harmonizada também com os princípios, ainda que com a hierarquia das fontes e dos valores constitucionalmente garantidos."[55]

5.4 O ENTENDIMENTO CONTRÁRIO DOS JURISTAS

Interessante é notar a posição contrária da doutrina. Para Sérgio Cavalieri Filho, assim como alguns outros,[56] a atividade desenvolvida pelo condutor de veículo automotor, bem como outras análogas, não deve ser considerada como geradora de riscos aos direitos de outrem, e assim entendida por perigosa, nos termos do disposto no parágrafo único do art. 927 do novo Código Civil, pelos seguintes argumentos:

1.º) A palavra-chave do texto, "atividade", pode ter vários significados. Entre eles o de ação (qualidade ou estado ativo), assim ainda afã, energia, força, vigor, vivacidade; como, ainda, trabalho, meio de vida, profissão, ocupação, função.[57] Sendo assim, entende que o Código, no que pertine à cláusula geral de responsabilização, refere-se ao termo no sentido de atividade ou serviço, e não simples e puramente a qualquer ação desenvolvida pelo homem, *in verbis:*

> Em que sentido o Código teria empregado, aqui, a palavra "atividade"? Essa é a questão nodal.
>
> Não nos parece que tenha sido no sentido de ação ou omissão, porque essas palavras foram utilizadas no art. 186 na definição do ato ilícito. Vale dizer: para configurar a responsabilidade subjetiva (que normalmente decorre da conduta pessoal, individual) o Código se valeu das palavras "ação" ou "omissão". Agora, quando quis configurar a responsabilidade objetiva em uma cláusula geral, valeu-se da palavra "atividade". Isso, a toda evidência, faz sentido. Aqui não se tem em conta a conduta individual, isolada, mas sim a atividade como conduta reiterada, habitualmente exercida, organizada de forma profissional ou empresarial para realizar fins econômicos. Reforça essa conclusão o fato de que a doutrina e a própria lei utilizam a palavra

---

[55] PERLINGIERI, op. cit., p. 87.

[56] No mesmo sentido, Sérgio Cavalieri Filho, Carlos Alberto Menezes Direito em TEIXEIRA, Sálvio Figueiredo de (Coord.). *Comentários ao novo Código Civil.* Rio de Janeiro: Forense, 2004. v. XIII, p. 147-150.

[57] CAVALIERI FILHO, Sérgio. *Programa de responsabilidade civil.* São Paulo: Malheiros, 2003. p. 171.

78 DA RESPONSABILIDADE CIVIL DO CONDUTOR DE VEÍCULO AUTOMOTOR

"atividade" para designar serviços. No direito administrativo, por exemplo, define-se serviço público com o emprego da palavra "atividade".

2.º) O CDC, no § 2,º do seu art. 3.º, dispõe que serviço é toda atividade fornecida em mercado de consumo, e que, por isso, a expressão atividade designa serviço, atuação reiterada e habitual, "organizada profissional ou empresarialmente para realizar fins econômicos".[58]

3.º) Ao tempo da elaboração do Projeto do novo Código, na década de 70 do século passado, o legislador tinha em mente inúmeras atividades empresariais, consideradas propiciadoras de riscos aos direitos de outrem. Como a vigência do Código de Defesa do Consumidor se dera posteriormente ao Projeto do novo Código, infere-se que a expressão "atividade", prevista neste projeto, tinha em cotejo as atividades de caráter econômico, direta ou indiretamente, hoje consagrada pelo estatuto consumerista. Assim:

> O elemento histórico reforça essa exegese. Na década de setenta do século passado, quando foi elaborado o Projeto do Novo Código Civil, o legislador tinha os olhos voltados para inúmeras atividades em que, embora explorada empresarialmente, com grandes riscos para a sociedade, a responsabilidade dos exploradores era subjetiva. Os serviços já ocupavam àquele tempo vastíssimo campo de atuação na sociedade (transportes, luz, água, telefonia, seguros, bancos, cartões de créditos, saúde etc.), desempenhavam importantíssima função econômica e jurídica, afetando a vida de mais de uma centena de milhões de pessoas, mas os riscos dessa exploração corriam por conta dos usuários.

> Assim, parece-nos lógico concluir que o objetivo do legislador foi estabelecer uma cláusula geral de responsabilidade objetiva que abrangesse toda essa vasta área dos serviços, mormente se tivermos em conta que o Projeto do Novo Código Civil foi elaborado muito antes do Código do Consumidor, que posteriormente tratou da matéria no se art. 14, no que concerne ás relações de consumo.[59]

Em conclusão,[60] o autor mencionado não considera a atividade desenvolvida pelo condutor de veículos automotores, nos termos do pará-

---

[58] Ibidem. p. 172-173.

[59] CAVALIERI FILHO, Sérgio. *Programa de responsabilidade civil.* São Paulo: Malheiros, 2003. p. 173.

[60] A síntese do entendimento do autor estudado é a seguinte:
"a) O dispositivo em exame contém uma cláusula geral de responsabilidade objetiva que abarca todos os serviços ('assim a entendida a palavra atividade') cuja execução cria risco para o usuário e a sociedade."

APRESENTAÇÃO ATUAL DA RESPONSABILIDADE OBJETIVA NO DIREITO BRASILEIRO **79**

grafo único, do art. 927, do novo Código Civil Brasileiro, como outras análogas, "perigosa" e, assim sendo, subtendida como propiciadora de riscos aos direitos de outrem.

Pablo Stolze Galindo e Rodolfo Pamplona Filho advogam o entendimento de que quando a lei utilizou em seu texto do advérbio "normalmente" quis referir-se a todos os agentes que exerçam com regularidade atividade potencialmente danosa ou nociva aos direitos de terceiras pessoas, em troca de determinado proveito, subsumindo a interpretação da norma ao risco-proveito[61].

Não é outro o entendimento de Jones Figueiredo Alves e Mário Luiz Delgado, para os quais o dispositivo em estudo contempla, além da responsabilidade objetiva nos casos especificados em lei, a responsabilidade nos casos decorrentes da aplicação da teoria do risco, "sempre que o risco for produto de atividade lucrativa" e decorrendo dano para outra pessoa. Portanto, quem aufere os cômodos (lucro) deve suportar os incômodos (riscos)[62].

Cláudio Luiz Bueno de Godoy chegou à mesma conclusão de Cavalieri Filho quanto à abrangência do enunciado na cláusula geral ora em estudo àquele que se encontra no exercício da condução de veículo automotor.

Para esse autor, baseado na lição de Fernando Noronha, o conceito de atividade se diferencia do conceito de ato, isto é; atividade é o conjunto de atos destinados à realização de determinado fim, portanto, para que

---

"b) Tal responsabilidade, embora fulcrada na teoria do risco criado, tem por fato gerador o defeito do serviço, que se configura quando este não oferece a segurança legitimamente esperada – noção que se extrai do art. 14 § 1.º do Código de Defesa do Consumidor."

"c) Embora comuns as áreas de incidência do art. 14 do Código de Defesa do Consumidor e do parágrafo único do art. 927 do novo Código Civil, as disciplinas jurídicas de ambos os diplomas legais estão em perfeita sintonia, fundadas nos mesmos princípios e com vistas aos mesmos objetivos. A disciplina do primeiro, todavia, por sua especialidade, só tem incidência quando há relação de consumo, reservando-se ao Código Civil, muito mais abrangente, a aplicação de sua cláusula geral nas demais relações jurídicas, contratuais e extracontratuais."

"d) Aos profissionais liberais que exercem atividade de risco no mercado de consumo não se aplica o parágrafo único do art. 14 do CDC, que lhes estabelece a responsabilidade subjetiva – norma, esta, que continua em vigor não só por sua especialidade, mas também em razão de expressa ressalva feita pelo novo Código Civil" (CAVALIERI FILHO, op. cit., p. 177).

[61] GAGLIANO, Pablo Stolze; PAMPLONA FILHO, Rodolfo. *Novo curso de direito civil*. Volume III: Responsabilidade Civil. São Paulo: Saraiva, 2007, p. 139.

[62] ALVES, Jones Figueirêdo. DELGADO, Mário Luiz. *Código civil anotado*. São Paulo: Método, 2005, p. 399 e 400.

80 DA RESPONSABILIDADE CIVIL DO CONDUTOR DE VEÍCULO AUTOMOTOR

alguém seja responsabilizado independentemente de culpa, é necessário que esteja no exercício de uma atividade. Nos termos da regra em análise, discordando de Cavalieri Filho apenas no que toca à distinção especial que pesa entre os termos atividade e serviço, não sendo toda atividade um serviço propriamente dito[63], *in verbis*:

> Faltando no sistema civil uma regra geral de responsabilidade objetiva pela guarda da coisa, apenas levadas a disposições específicas, como, por exemplo, a do artigo 936, que cuida da responsabilidade do dono ou detentor de animal, ou do artigo 938, que trata dos *effusis et dejectis*, tudo como examinado no capítulo 2, poder-se-ia cogitar, no caso configurado, de uma obrigação indenizatória, independente de culpa pelo especial risco que há em transportar alguém na condução de um veículo automotor. Aliás, a hipótese poderia mesmo ser alargada para qualquer caso em que um particular, ocasionalmente dirigindo seu veículo, causasse dano a alguém. Ocorre que, nesses casos, faltaria o pressuposto para a aplicação do parágrafo único do artigo 927, justamente pela não caracterização de uma atividade, cuidando-se antes, da prática de um ato, ainda recoberto de risco e mesmo que habitual ou costumeiro o oferecimento de carona ou a utilização do carro para a locomoção. Não se configuraria a atividade pela ausência de uma sequência coordenada de atos, ou organizados para alcance de uma dada finalidade, de um escopo, de um objetivo único juridicamente considerado[64].

Em sentido semelhante, corroborando com o entendimento exposto, Arnaldo Rizzardo entende que a reparação dos danos ocorridos ou derivados de acidentes de trânsito deve decorrer da demonstração da culpa do agente causador do dano, não se levando em conta o disposto no parágrafo único do art. 927 do novo Código. Assim, desde que obedecidas às regras de trânsito, desde que se conduza o condutor cautelosamente, com a devida atenção, não decorre necessariamente risco nos termos do disposto na lei.

Para esse doutrinador, o dispositivo se aplica restritivamente às atividades ou serviços em que não basta a conduta cautelosa e prudente para evitar o dano. No entanto, nos casos dos acidentes oriundos pelo fato da coisa, quando, por exemplo, o acidente decorra da quebra da barra de direção, ou de estouro de pneus, ou ainda de falhas de freios etc., caracteriza-se a responsabilidade objetiva.

Contraditoriamente, defende que, por ser considerada tal atividade "perigosa", contendo, por sua natureza, forte potencialidade danosa,

---

[63] GODOY, Cláudio Luiz Bueno de. *Responsabilidade civil pelo risco da atividade.* Coleção Prof. Agostinho Alvim. São Paulo: Saraiva, 2010, p. 71-76.

[64] Ibidem. p. 73.

APRESENTAÇÃO ATUAL DA RESPONSABILIDADE OBJETIVA NO DIREITO BRASILEIRO **81**

quando a vítima é pedestre, deve haver inversão do ônus da prova em favor daquela, caracterizando uma presunção relativa de culpa do condutor. Dessa forma, respalda sua defesa não com amparo no Código de Defesa do Consumidor, como destaca expressamente, mas sim pela grande diferença de forças entre a vítima e o veículo[65].

Humberto Theodoro Júnior[66] comunga da opinião de que com o preceito do art. 186 do novo Código, o referido diploma adotou como regra a responsabilidade delitual subjetiva, sendo mesmo um compromisso seu. Todavia, entende que com a cláusula da responsabilidade objetiva, adotando uma larga abertura "com termos vagos e genéricos", deixou ao alvedrio da jurisprudência a tarefa de conceituar o que de fato seja atividade de risco de maneira casuística, possibilitando um alargamento perigoso da responsabilidade sem culpa.

Forçoso é concluir o entendimento do jurista de que a ampliação da interpretação da cláusula genérica de responsabilidade objetiva à atividade desenvolvida pelo condutor de veículos automotor é, no mínimo, temerária.

Álvaro Villaça Azevedo,[67] comungando da mesma opinião de Theodoro Júnior, exprime sua insatisfação com a inclusão da cláusula genérica do art. 927, em seu parágrafo único, do Código Substantivo Pátrio, assumindo franca oposição ao entendimento da existência de regra geral de responsabilidade objetiva no direito brasileiro.

O citado comentarista leciona que o legislador andou mal ao enunciar a cláusula genérica de responsabilização objetiva, quando entende que deveria parar com a frase "haverá obrigação de reparar o dano, independentemente de culpa, nos casos especificados em lei", e não prosseguir com "ou quando a atividade normalmente desenvolvida pelo autor do dano implicar, por sua natureza, riscos aos direitos de outrem", pois que tal abertura criou a possibilidade "absurda" de criação de responsabilidade sem culpa, por interpretação de situações de risco, sem respaldo na lei, o que gera uma ampliação do campo da insegurança de se saber, em cada caso, o que significa a expressão "riscos para os direitos de outrem".

A interpretação do seu entendimento leva à caracterização da ideia propalada pelos defensores da responsabilidade subjetiva do condutor

---

[65] RIZZARDO, Arnaldo. *Responsabilidade civil*. Rio de Janeiro: Forense, 2005. p. 725-727.

[66] THEODORO JÚNIOR. Humberto. *Comentários ao novo código civil*. Rio de Janeiro: Forense, 2003, v. 3, t. 2, p. 29.

[67] AZEVEDO, Álvaro Villaça. *Código civil comentado*. São Paulo: Atlas, 2003. v. 2, p. 354-355.

82 DA RESPONSABILIDADE CIVIL DO CONDUTOR DE VEÍCULO AUTOMOTOR

de veículos automotores, pois fundada nos mesmos postulados teoréticos.

Resta-se de toda evidência que quando os autores não aceitam a inclusão da atividade do condutor, ou em outros casos semelhantes, na teleologia da regra em exame, como ficou claro das exposições acima descritas, deixam resplandecer a sua insatisfação com a cláusula genérica de responsabilidade objetiva, apontando-a como inadequada e perigosa, quase sempre.

Tal insatisfação revela o entendimento que se tem em admitir a concepção retrograda de uma ética substancialmente utilitarista, disfarçada de democrática, já que apegada excessivamente à ideia draconiana de culpa e ao já ultrapassado entendimento de que a lei, como sistema axiomático, pode abarcar todas as situações fáticas provavelmente possíveis. Em virtude disso, vem-se esquecendo de que as modernas legislações se acoplam em variados microssistemas jurídicos, com preponderância dos conceitos jurídicos indeterminados e cláusulas gerais, como acontece com o Código de Defesa do Consumidor, Lei nº 8.078/1990.

O absurdo canônico da ideia de culpa deve se apagar da memória de um povo tanto mais em que se desenvolva o sistema jurídico menos arraigado de princípios religiosos, ou melhor, primacialmente religiosos. A realidade deve ser entendida de acordo com os princípios constitucionais que fundamentam uma ordem democrática e, por assim dizer, conforme se exporá, abrangida na ideia de solidariedade, que não pode ser sufragada da ideia de coletividade, portanto, inexiste solidariedade de forma subjetivamente isolada, ou seja, quando ainda o homem revelar em seu âmago antropocêntrico a ideia de que em nada contribui para o sofrimento alheio, mesmo quando diante de uma hipótese, aparentemente absurda, de responsabilidade sem culpa.

Hodiernamente, e isto parece ser uma conclusão fatalmente irrepreensível, a culpa, que sob o ponto de vista moral e ético parece ser tão importante como elemento essencial para a solução de conflitos de interesses e condizente com uma realidade humana que anseia por justiça, ao mesmo tempo em que repugna, de maneira até intuitiva, qualquer sanção, jurídica ou até mesmo moral, que não se fundamente em um comportamento culposo, está se constituindo na grande vilã da responsabilidade civil, ante a insuficiência de sua prova nos processos da espécie. Logo, urge-se pela necessidade premente de simplificar a exegese favoravelmente a uma flexibilização da interpretação que diz respeito à responsabilidade objetiva.

A jurisprudência pátria não suscita grandes discussões acerca do emprego da teoria do risco, nos casos de responsabilidade civil de condutor

APRESENTAÇÃO ATUAL DA RESPONSABILIDADE OBJETIVA NO DIREITO BRASILEIRO **83**

de veículo automotor. Antes da entrada em vigor do novo Código Civil era flagrante a ausência de preocupação da posição probatória da vítima nos processos desta natureza.

À guisa de exemplificação, nesse período, seria de uma ousadia sem tamanho a fundamentação de algum julgado, em processos da espécie, na teoria do risco, logo a jurisprudência era farta de fundamentação na ideia de culpa do causador de algum dano, como, por exemplo:

Age com irrecusável imprudência o motorista que, vendo o transeunte na via pública, não diminua a marcha do seu veículo para facilitar a passagem daquele, limitando-se a buzinar e acabando por atropelá-lo (RT, 256:367).

Comete imprudência manifesta o motorista que, vendo o transeunte em via pública desimpedida, não diminui a marcha para facilitar a sua passagem e se limitar a buzinar, acabando por atropelar a vítima (RT, 242:357).

Atropelamento − imprudência do motorista.

Age com manifesta imprudência o piloto que, vislumbrando um pedestre atravessar displicentemente a via pública, não adota meios eficazes para evitar atropelamento. Tais meios, a toda evidência, não se constituem no ato de desviar, fazendo ziguezague, ou acionar a buzina (1.º TACSP, Ap.435.347/90-JAÚ, 6.º Câm., j. 31-7-1990, Rel. Augusto Marim).

Atropelamento com morte de concubina e filho menor, que se encontravam aguardando ônibus em ponto da parada própria − Ônibus que, descontrolado, galgou a calçada − Indenização devida (JTACSP, Revista dos Tribunais, 109:113).

Atropelamento e morte de ciclista − Ingresso em via preferencial sem obediência a sinalização "pare" − Indenizatória ajuizada por filha menor julgada procedente − Culpa exclusiva do preposto da ré (JTACSP, Revista dos Tribunais, 108:137).

Atropelamento e morte e filho menor − Acidente ferroviário − Inocorrência de participação culposa da vitima − Indenizatória procedente (JTACSP, Revista dos Tribunais, 111:222).

Atropelamento e morte de policial rodoviário, no regular exercício de sua função, substituindo-se ao semáforo existente no cruzamento que se achava em funcionamento − Absolvição do preposto da ré em processo-crime − Irrelevância para o reconhecimento do dever indenizar no âmbito civil − Indenizatória procedente (JTACSP, Revista dos Tribunais, 112:137).

Recuso especial − Delito de trânsito nas vias urbanas − Dever de cautela do motorista − 1 − É normal e constante a presença de pedestre nas vias urbanas comuns na grandes cidades. Trata-se de fato previsível a

84 DA RESPONSABILIDADE CIVIL DO CONDUTOR DE VEÍCULO AUTOMOTOR

exigir do motorista de coletivo, com visão privilegiada, a necessária cautela (CNT, art. 83, XI). Se a vítima – Menor de 15 anos de idade – Começara a atravessar a pista sinalizada por semáforo e estando o veículo parado aguardando a sua vez, age imprudentemente o motorista que movimenta a máquina antes que a pedestre concluísse a travessia, provocando-lhe a morte. 2 – Recurso especial conhecido e provido (STJ, 5.ª T., REsp 2.759- RJ, Rel. Min. Costa Lima, J. 18-6-1990, v. Un., DJU, 6 ago. 1990, p. 7347, seção I, ementa).

Atropelamento de pedestre – Hipótese em que o réu não adotou as necessárias cautelas para evitar o acidente – Vítima colhida pelo veículo quando tentava atravessar a rua – ocorrência, outrossim, da evasão do local, o que constituiu circunstância adminicular de culpa – Indenizatório procedente (JTACSP, Revista dos Tribunais, 116:62).

Atropelamento e morte de menor impúbere – Vítima colhida por motocicleta, sob um poste de iluminação – Culpa motociclista reconhecido (JTACS, Revista dos Tribunais, 117:47).

Atropelamento – Pedestre atingindo quando atravessava a via na faixa de segurança respectiva – Preferência absoluta do pedestre – Culpa por imprudência reconhecida – Indenizatória procedente (1.º TACSP/ Ap. 431.331/90-SP, 3.ª Câm. Esp., j. 17-1-1990, Rel. Mendes de Freitas).

Mesmo após a vigência do novo Código, os julgados não vêm atentando para o aspecto da aplicação da teoria do risco criado nas hipóteses de responsabilidade civil do condutor de veículo automotor, insistindo na ideia de demonstração de culpa do autor do dano por parte do autor dos processos de responsabilidade civil:

Acidente de trânsito. Colisão na traseira. Responsabilidade exclusiva do demandado. Danos materiais. Verba honorária. Sem interesse público, não é exigida a intervenção do Ministério Público. Age com manifesta imprudência o condutor que não guarda o intervalo adequado com relação ao veículo que o precede. Comprovado no caso sub ocullis a culpa exclusiva da parte recorrente, porquanto inobservada na condução do veículo automotor as cautelas de estilo. Eventual frenagem brusca de veículo que vai à frente não escusa o motorista que o segue e que por tal fato, ocasiona o acidente. Mantida a verba honorária. Rejeitada a preliminar e não provido o apelo.

APRESENTAÇÃO ATUAL DA RESPONSABILIDADE OBJETIVA NO DIREITO BRASILEIRO **85**

ACÓRDÃO

Vistos, relatados e discutidos os autos.

Acordam os Magistrados integrantes da Décima Segunda Câmara Cível do Tribunal de Justiça do Estado, à unanimidade, em rejeitar a preliminar e negar provimento ao apelo.

Custas na forma da lei.

Participaram do julgamento, além do signatário, os eminentes Senhores Des. Orlando Heemann Júnior (Presidente e Revisor) e Des. Cláudio Baldino Maciel.

Porto Alegre, 12 de maio de 2005.

Dr. MARCELO CÉZAR MÜLLER,
Relator.

RELATÓRIO

Dr. Marcelo Cézar Müller (RELATOR)

SILVIO CARLOS MACIEL MELO, inconformado com o v. *decisum* proferido pela MM. Juízo da 1ª Vara Cível da Comarca de Bagé, o qual julgou procedente a demanda; condenando o acionado ao pagamento dos prejuízos reclamados no importe de R$ 5.246,95 (cinco mil e duzentos e quarenta e seis reais e noventa e cinco centavos), monetariamente corrigidos do ajuizamento e juros legais desde a citação, nos moldes do art. 405 do *Codex* Civil, bem como honorários advocatícios fixados em 10%; conforme preconiza o art. 20, do CPC, interpôs apelação.

Em suas razões recursais, em apertada síntese, preliminarmente, suscita a nulidade do feito porquanto ausente a intervenção ministerial na hipótese. No mérito, reclama o não acatamento da denunciação a lide em relação ao terceiro veículo envolvido no sinistro, bem como sustenta inexistir prova apta a comprovar a culpa exclusiva da demandada na eclosão do sinistro. Secundariamente, requer seja reconhecida o pedido de AJG, constante na contestação, mitigando as expensas a que restou condenado, porquanto se encontra em situação financeira delicada.

Devidamente contra-arrazoado o recurso, vieram conclusos os autos.

É o breve relatório.

VOTOS

Dr. Marcelo Cézar Müller (RELATOR)

Inicialmente conheço do apelo porquanto presentes os pressupostos necessários à sua admissibilidade.

1. DA PRELIMINAR:

Não merece amparo a preliminar de nulidade suscitada, por alegada ausência do Ministério Público, porquanto exsurge evidente a ausência de interesse público na solução da demanda.

Rejeita-se, pois a preliminar.

2. DO MÉRITO:

O recurso interposto pelo demandado, SILVIO CARLOS MACIEL MELO, primordialmente, busca a reforma do comando sentencial para que seja afastada no caso *sub ocullis* a culpa exclusiva deste na eclosão do evento danoso, argumentando em síntese, inexistir prova apta à comprovação desta. Requer, também, seja apreciada e reconhecida a denunciação à lide da causadora do evento. Modo subsidiário, pugna seja reconhecida o benefício da assistência judiciária gratuita.

Em que pesem as razões expostas pelo combativo defensor do requerido, não merece guarida *in totum* as pretensões suscitadas. Senão vejamos:

Respeitante a denunciação à lide, consoante se depreende do v. despacho acostado às fls. 69, este já restou apreciado e indeferido, *in verbis*:

"Indefiro o pedido do demandado de denunciação à lide da Sra. Dionice, pois em contestação, momento oportuno para o ato, limitou-se a parte a atribuir a esta a culpa pelo acidente de trânsito ocorrido, requerendo a citação desta para se manifestar nos autos. Em momento algum, requereu o demandado fizesse a pessoa mencionada parte do feito, fundamentando o pedido nos autos".

De resto, a prova aglutinada converge no sentido de que o motorista do veículo Fiat Uno segurado de propriedade de Sra. Gladis Delgado Aquino, placas IDR 4260, restou abalroado por culpa exclusiva do condutor do veículo GM/Monza, placas BFD 6796, de propriedade do demandado, o qual deixou de observar as cautelas de praxe necessárias na condução deste, vindo a colidir na traseira do autor.

A prova documental acostada; boletim de ocorrência (fls.10/11), fotografias (fl. 12/13) e orçamento (fls. 14/16), bem como prova oral reunida denotam sobremodo o agir desacautelado de Silvio no episódio sinistro.

O Código de Trânsito Brasileiro, entre seus diversos dispositivos legais, estabelece em seu art. 192 como infração grave, penalizando com 07 pontos a carteira de habilitação, mais multa no valor de 180 (cento e oitenta) UFIR, todo aquele motorista que: "Deixar de guarda distância lateral e frontal entre seu veículo e os demais, bem como em relação ao bordo da pista, considerando-se, no momento, a velocidade, as condições climáticas do local da circulação e do veículo.

APRESENTAÇÃO ATUAL DA RESPONSABILIDADE OBJETIVA NO DIREITO BRASILEIRO **87**

Prevê ainda, em suas normas gerais de circulação e conduta, em seu art. 29, II, à obediência do condutor no sentido de guardar distância de segurança lateral e frontal (grifei) entre o seu e os demais veículos, ressalvando, inclusive: o momento, a velocidade e as condições do local da circulação do veículo e as condições climáticas.

Nesse norte, não se justificam as razões ofertadas pelo nobre defensor do demandado no sentido de que a frenagem inesperada do veículo da autora (proprietária do Fiat Uno) foi o fato desencadeador do abalroamento na traseira desta; tampouco falar, não fosse a parada inapropriada na via rápida daqueloutra para o desembarque de passageiras.

Quem trafega em via rápida de fluxo intenso, especialmente considerando ser horário de "pique"; deve redobrar a sua atenção, já que possível a previsibilidade de trânsito mórbido e lento, diante da situação do momento, face ao numeroso fluxo de veículos.

Isto porque a direção sob condições adversas mostra-se com maior grau de dificuldade e imprevisibilidade do que poderá advir, colocando em risco a segurança do condutor, eventuais passageiros e até de terceiros. Bem por isso, o Código Nacional de trânsito exige cautelas de estilo redobradas e penaliza aqueles que não a obedecerem. Na hipótese, a prova adjungida demonstra, modo indelével, não ter o condutor do Monza guardando a distância mínima entre os veículos, dando causa ao evento danoso, pois a essência da culpa é a previsibilidade, não cabendo assim, invocar imprevisibilidade quando trafegava em via urbana de intenso e numeroso fluxo, sem guardar a prudente distância em relação ao veículo da frente e dos veículos das laterais, vindo a colidir na traseira de outro automotor.

Por óbvio, a paralisação repentina de veículo que segue à sua frente, dado as condições de trafegabilidade que se encontrava naquela via, horário de "rush", era perfeitamente previsível e cogitável, exigindo-lhe sobremodo redobrada cautela e intervalo adequado do condutor, a fim de possibilitar distância que permita a frenagem segura.

Com propriedade já ensinava *Wilson Melo da Silva,* cujo excerto *in Tratado de Responsabilidade Civil,* RUI STOCCO, p. 1.415, transcrevo:

"Imprudente e, pois, culpado, seria, ainda, o motorista que integrando a corrente de tráfego decura-se quanto à possibilidade de o veículo que lhe vai à frente ter de parar de inopino, determinando a colisão. O motorista que segue com seu carro atrás de outro veículo, prudentemente, deve manter uma razoável distância do mesmo, atento à necessidade de ter de parar de um momento para o outro.

E prossegue: Ele não vê e não sabe, às vezes, o que se encontra na dianteira do veículo em cujo rastro prossegue. Mandaria, por isso mesmo, a prudência, que tivesse cautela e atenção redobradas para que não se deixasse colher de surpresa por alguma freada possível do veículo após o qual ele desenvolve sua marcha" (op. cit., p. 375-7).

Donde conclui-se, imprudente a conduta do motorista Silvio Carlos, o qual não mantendo distância do veículo que seguia à sua frente, acabou por colidir na traseira daquele.

Por essa razão é que em linhas de princípio gerais, tem-se como culpado aquele motorista que colide por trás, invertendo-se em razão disto o *onus probandi*, cabendo a ele a prova de desoneração de sua culpa, o que inocorreu na hipótese.

Ao que tudo indica, agiu desprovido das cautelas de que lhe era exigível, devendo ser responsabilizado pelo abalroamento na traseira do automóvel Fiat Uno.

Nesse passo, como bem sinalizou o insigne prolator da sentença, *Dr. Ricardo Pereira de Pereira,* cujas razões transcrevo como parte integrante do presente voto, evitando tautologia:

"Ao contrário do sustentado na contestação, agiu com culpa o requerido ao chocar-se com a traseira do outro automóvel, porquanto se estivesse a uma distância razoável de segurança, pilotando de forma atenta e em velocidade adequada, teria condições de conter seu veículo e evitar a colisão, mesmo ocorrendo freada brusca do que estava a sua dianteira."

E finaliza: "Trafegando dois veículos em sentido idêntico de direção, sempre será possível que o motorista da frente seja compelido a diminuir a marcha ou a parar o veículo bruscamente, daí a previsibilidade de que possa ocorrer colisão. Sendo, previsível a súbita parada do veículo que vai à frente, cabia ao demandado tomar as cautelas necessária para evitar o choque. Não o fazendo, responde pelos danos.

Destarte, tem-se que o comportamento delineado pelo condutor do GM/Monza foi determinante à ocorrência do sinistro, o que caracteriza sobremodo a sua responsabilidade de indenizar.

Pertinente as verbas honorárias, entendo foram fixadas com equanimidade, considerando o trabalho desenvolvido pelo Procurador.

Derradeiramente, no que tange o Benefício da Assistência Judiciária Gratuita, diante das condições do réu comprovadas através do xerox documento da carteira de trabalho (fl.29), percebendo como remuneração mensal R$ 513,35 (quinhentos e treze reais e trinta e cinco centavos), mais vantagens, bem como considerando ser proprietário de um automóvel GM/Monza, ano e modelo 1991 (fl.10), quando do sinistro ocorrido em 23 de julho de 1999, entendo cabível conceder neste momento a benesse para efeito de conhecer o recurso.

É o voto.

Des. Orlando Heemann Júnior (PRESIDENTE E REVISOR) – De acordo.

Des. Cláudio Baldino Maciel – De acordo.

APRESENTAÇÃO ATUAL DA RESPONSABILIDADE OBJETIVA NO DIREITO BRASILEIRO **89**

DES. ORLANDO HEEMANN JÚNIOR – Presidente – **Apelação Cível nº 70010833150, Comarca de Bagé: "REJEITADA A PRELIMINAR. DESPROVIDO O RECURSO, À UNÂNIMIDADE".**

Julgador(a) de 1.º Grau: RICARDO PEREIRA DE PEREIRA

(Apelação Civil nº 70010833150, Décima Segunda Câmara Civil, Tribunal de Justiça do RS, Relator Marcelo Cezar Muller, julgado em 12/05/2005)

Apelação civil. Responsabilidade civil em acidente de trânsito. Atropelamento de pedestre. Condutor menor de idade. 1. A falta de habilitação para conduzir veículo automotivo não induz, por si só, a existência de culpa por parte do motorista. É necessário analisar os demais elementos de prova produzida nos autos, a fim de apurara responsabilidade dos envolvidos no acidente. 2. No caso dos autos, o próprio condutor da motocicleta, em seu depoimento pessoal, atestou o seu agir imprudente e imperito, que ocasionou o atropelamento da vítima. Apelo desprovido.

ACÓRDÃO

Vistos, relatados e discutidos os autos.

Acordam os Desembargadores integrantes da Décima Segunda Câmara Cível do Tribunal de Justiça do Estado, à unanimidade, em negar provimento ao apelo.

Custas na forma da lei.

Participaram do julgamento, além do signatário, os eminentes Senhores Desa. Naele Ochoa Piazzeta (Presidente e Revisora) e Des. Cláudio Baldino Maciel.

Porto Alegre, 17 de novembro de 2005.

DESEMBARGADOR DÁLVIO LEITE DIAS TEIXEIRA,

Relator.

RELATÓRIO

DESEMBARGADOR Dálvio Leite Dias Teixeira (RELATOR)

Trata-se de recurso de apelação interposto por MAICON DE OLIVEIRA E AGENOR DE OLIVEIRA contra a sentença das fls. 55/59, que julgou parcialmente procedentes os pedidos formulados na ação de reparação de danos decorrentes de acidente de trânsito, ajuizada por VICENTE KACZALLA.

O Magistrado sentenciante condenou os demandados solidariamente ao pagamento dos danos materiais sofridos pelo autor, num total de R$ 4.420,10, corrigidos desde o desembolso e acrescidos de juros moratórios desde a data do fato, nos termos da Súmula nº 54 do Superior Tribunal de Justiça. O demandante foi condenado ao pagamento de 20% das custas

90 DA RESPONSABILIDADE CIVIL DO CONDUTOR DE VEÍCULO AUTOMOTOR

processuais, ficando os 80% restantes a cargo dos réus. Estes foram condenados ao pagamento de honorários advocatícios fixados em 18% sobre o valor da condenação. O demandante foi condenado ao pagamento de verba honorária arbitrada em R$ 520,00. Foi admitida a compensação de honorários e foi suspensa a exigibilidade das referidas verbas por litigarem as partes sob o amparo da gratuidade judiciária.

Os demandados pretendem a reforma da sentença, no sentido da improcedência dos pedidos da inicial. Em suas razões, alegaram, em síntese, que o corréu Maicon não agiu com qualquer modalidade de culpa em relação ao acidente, tendo em vista que trafegava em baixa velocidade. Imputaram ao autor a responsabilidade exclusiva pelo evento.

Com as contra-razões, subiram os autos a este Tribunal e vieram-me conclusos para julgamento.

É o relatório.

VOTOS

DESEMBARGADOR Dálvio Leite Dias Teixeira (RELATOR)

Pretendem os apelantes a reforma da sentença que os condenou ao pagamento das despesas médicas efetuadas pelo demandante, decorrentes de acidente de trânsito envolvendo as partes.

Consta nos autos que, no dia 08 de fevereiro de 2003, por volta das 08h55min, o corréu Maicon, na época menor de idade e sem habilitação, conduzia a motocicleta Honda CG 125, placas IIP-3105, de propriedade do corréu Agenor, pela rua José do Patrocínio, no município de Veranópolis. Por volta do n° 165, veio a atropelar o autor, que estava atravessando a rua.

É sabido que a falta de habilitação para conduzir veículo automotor não induz, por si só, a existência de culpa por parte do motorista. É necessário analisar os demais elementos de prova produzidos nos autos, a fim de apurar a responsabilidade dos envolvidos no acidente.

Pois bem. Da leitura dos autos, é possível constatar que o próprio condutor da motocicleta, em seu depoimento pessoal, atestou o seu agir imprudente e imperito, que acabou por ocasionou o atropelamento da vítima (fl. 48v). Destaco as seguintes passagens:

"(...) Na época não tinha habilitação. Estava descendo o morro de sua casa, Rua José do Patrocínio, em ponto morto para ligar a moto no final do morro. (...) Viu que o autor estava atravessando, tanto que foi freando a moto e quando entrou na reta o autor estava parado. Quando entrou na reta, abaixou a cabeça para ligar a moto, daí sentiu que o braço do autor bateu no peito do depoente e este caiu. (...) Desviou porque quando entrou na rua o autor estava parado e quando abaixou a cabeça houve a batida. (...)" *(grifei)*

Da leitura dos trechos destacados, entendo que a responsabilidade do condutor restou evidenciada por três motivos:

APRESENTAÇÃO ATUAL DA RESPONSABILIDADE OBJETIVA NO DIREITO BRASILEIRO **91**

Primeiro: trafegava com a motocicleta desligada, o que já se mostra como conduta contrária às normas de segurança do trânsito.

Segundo: o próprio ressaltou que viu que havia um pedestre atravessando a rua, fato que deveria ter ensejado atenção redobrada.

E terceiro: mesmo deslocando-se em direção ao pedestre, que, a essa altura estava parado, abaixou a cabeça para ligar o veículo, conduta esta que atesta de vez a sua imprudência e imperícia.

Dessa forma, não há motivos para reformar a sentença, tendo em vista que o atropelamento ocorreu por culpa exclusiva do corréu Maicon.

Apreciando casos análogos ao dos autos, destaco precedentes desta Corte:

"Apelação. Acidente de trânsito. Atropelamento. Lesões. 1. Age com culpa o condutor de veículo que, embora tenha visualizado a pedestre, não logrou dela desviar ou estancar a marcha, dando causa ao atropelamento, em que pese sustentar trafegasse em velocidade moderada. (...). Parcial provimento do apelo, prejudicado o exame do recurso adesivo. (Apelação Cível nº 70011200896, Décima Segunda Câmara Cível, Tribunal de Justiça do RS, Relator: Des. Orlando Heemann Júnior, julgado em 25/08/2005)."

"Ação de ressarcimento de danos. Acidente de trânsito. Atropelamento. 1. Culpa exclusiva do demandado que não teve os devidos cuidados, vindo a atropelar o autor com o seu veículo. (...). Apelação desprovida. (Apelação Cível nº 70011329919, Décima Primeira Câmara Cível, Tribunal de Justiça do RS, Relator: Des. Voltaire de Lima Moraes, julgado em 18/05/2005)."

Diante do exposto, voto no sentido de negar provimento ao apelo.

Desa. Naele Ochoa Piazzeta (PRESIDENTE E REVISORA) – De acordo.

Des. Cláudio Baldino Maciel – De acordo.

DESA. NAELE OCHOA PIAZZETA – Presidente – Apelação Cível nº 70012193876, Comarca de Veranópolis: "NEGARAM PROVIMENTO. UNÂNIME."

Julgador(a) de 1.º Grau: PAULO MENEGHETTI

(Apelação civil nº70012193876, Décima Segunda Câmara civil, Tribunal de Justiça do RS, Relator: Dálvio Leite Dias Teixeira, julgado em 17/11/2005).

A primeira decisão citada referencia, no mérito, que o demandado--recorrente deseja ver a sua responsabilidade afastada por ausência de

92 DA RESPONSABILIDADE CIVIL DO CONDUTOR DE VEÍCULO AUTOMOTOR

culpa exclusiva de sua parte, argumentando inexistir "prova apta para comprovação desta" e expressamente diz que a prova aglutinada nos autos converge no sentido de que o motorista do veículo de propriedade do demandado agiu com culpa exclusiva para a concausação do evento, o qual deixou de observar as cautelas de praxe necessárias na condução do referido veículo, aduzindo que todas as provas reunidas nos autos demonstram sobremodo o agir desacautelado de "Silvio" no episódico sinistro, trazendo à baila para fundamentação regras do código de Trânsito, que porventura o condutor do veículo do demandado não observou na condução do mesmo, haja vista não ter o condutor guardado a distância de segurança lateral e frontal em relação ao veículo abalroado, de propriedade da vítima, inclusive aludindo a inversão do ônus da prova, por ter havido colisão na traseira do veículo danificado.

Já a segunda decisão, seguindo uma linha de raciocínio idêntica à primeira, aduz que o recorrente alega que o corréu, "Maicon" não agiu com qualquer modalidade de culpa em relação ao acidente, por estar trafegando em baixa velocidade, imputando ao autor da ação de responsabilidade civil a culpa pelo evento danoso; e, no, mesmo sentido, retrata a existência de elementos probatórios que demonstram a culpa do causador dos danos, tais como o depoimento do condutor da motocicleta (autor do dano), que confessou o seu agir imprudente, já que na época não teria ele habilitação para dirigir, além do que dirigia de "cabeça baixa", e a existência de conduta inadequada por parte do causador do evento às regras de trânsito, como dirigir a motocicleta com motor desligado, ressaltando a sua imprudência e imperícia no evento danoso.

Em nenhum lugar da fundamentação das decisões em comentário se observa a indicação da fundamentação legal dos julgados na teoria do risco, na qual inexiste citação da regra geral de responsabilidade objetiva; não se fazendo distinção entre os danos a vítimas que se encontram no interior de veículos envolvidos no acidente, danos estes decorrentes de colisão entre veículos e, os danos a vítimas que não se encontram em outro veículo, portanto, andando a pé; sendo certo que tal distinção é de altíssima importância para os contornos interpretativos que aqui se vem pretendendo conceber.

Ultimamente ainda se pode colher julgamentos sobre a responsabilidade civil de condutor de veículo automotor com fundamento em sua conduta culposa, sem a necessária menção ao risco no desempenho desta atividade, *in verbis*:

> Responsabilidade civil. Indenização por dano moral. Atropelamento fatal de pedestre sobre a faixa de segurança. Pleito acolhido. Insurgência do réu. Razões recursais calcadas na culpa exclusiva da vítima. Conjunto probató-

APRESENTAÇÃO ATUAL DA RESPONSABILIDADE OBJETIVA NO DIREITO BRASILEIRO **93**

rio revelador de ser do condutor do veículo atropelante a responsabilidade pelo sinistro. Desrespeito à preferência de passagem do transeunte. Verba indenizatória bem aplicada. Minoração inviável. Precedente da Câmara. Recurso desprovido.

1. A condução de veículo automotor é tarefa que exige a máxima atenção do motorista, sobretudo em vias urbanas de intenso movimento de pedestres, posto ser inerente a tal atividade o surgimento de imprevistos.

2. Sendo assim, mesmo que, por suposto, o sinal de tráfego estivesse a permitir ao motorista a travessia da via pública, ainda assim era seu dever aguardar que o pedestre cruzasse toda a extensão da faixa, para só então encetar manobra ao veículo tendente a prosseguir em seu curso.

3. É inegável, pois, a conduta culposa do condutor de veículo que, imprimindo ao automotor velocidade incompatível com as condições de trafegabilidade, atinge pedestre − ancião de 75 (setenta e cinco) anos de idade − que já havia iniciado a travessia da via sobre a faixa de segurança.

(Apelação Civil nº 2009.003946-2, Quarta Câmara de Direito Civil, Tribunal de justiça de SC, Relator: Des. Eládio Torret Rocha, Julgado em 22/10/2010).

5.5 AINDA A INTERPRETAÇÃO DA REGRA *SUB EXAMEM*

A utilização pura e simples do paradigma filológico de interpretação mostra-se insuficiente para o estabelecimento do sentido e alcance da norma em cogitação, embora, como enfatiza Muller, escrevendo a respeito do processo de concretização constitucional, tal concretização se inicia usualmente com a busca do sentido literal e, por assim dizer, da concretização de um ordenamento jurídico como um todo, só podendo esse primeiro elemento "fornecer indícios apenas mediados do teor da norma".[68] Trata-se, pois, de imprescindível demonstração, o sentido a ser dado pelo momento histórico, ao qual jungiu-se a norma no momento da sua elaboração, e muito mais abrangente se mostra tal, pelo que denota os fatores sociais e econômicos, mormente os sociais, não tão discrepantes com os de hoje, ao revés, muito mais intensificados, engendrados em causas mediatas e imediatas, como razão política e jurídica do fundamento do dispositivo,[69] ou seja, deve-se buscar localizar a norma

---

[68] MULLER, Friedrich. *Métodos de trabalho do direito constitucional*. Trad. Peter Naumann. 2. ed. São Paulo: Max Limonad, 2000. p. 72.

[69] MAXIMILIANO, Carlos. *Hermenêutica e aplicação do direito*. Rio de Janeiro: Forense, 2003. p. 121-122.

94 DA RESPONSABILIDADE CIVIL DO CONDUTOR DE VEÍCULO AUTOMOTOR

"na série dos fenômenos sociológicos, todos em evolução constante".[70] Trata-se da *occasio legis*.

Hodiernamente, a busca e o alcance do significado de uma determinada norma jurídica desprendida da vontade do seu formulador não é questão a causar grandes controvérsias.

A norma, entendida esta no seu aspecto organizacional e textual, para não se confundir com o conceito empreendido no presente trabalho, tem uma gênese, sempre, na vontade de alguém, quer seja colegiada ou individualizada, porém, ao sair do ventre do seu idealizador, ganha vida própria, adquirindo significados diversos e, às vezes, completamente diferentes daqueles almejados no seu nascedouro. A esse processo, Fábio Ulhoa Coelho denomina de reificação da norma, concluindo que ela "é o resultado da vontade, manifestada por uma elaboração mental, inserida no interior dos limites fixados pela evolução das forças produtivas e pelas nuanças da luta de classes", sendo tal vontade oriunda de um conjunto de vontades a que chama de comunidade jurídica,[71] acrescentando que as normas jurídicas, ao ganharem vida própria, passam a ser dotadas de tal força, que controlam todos os seus destinatários, inclusive, os seus idealizadores.[72]

Entende o supracitado jurista que os fatores econômicos e sociais têm papel não tão significativo quanto as nuanças das lutas de classes e a evolução das forças produtivas, sem concordar com a tese voluntarista do direito, que emprega ao conceito do direito o reducionismo econômico atribuído à Marx.

Com isso evidenciado, deve-se perquirir, outrossim, da etiologia da norma objetivada, a busca de preceitos preexistentes, seja na história do direito, seja na historiografia do instituto em específico, além da análise dos materiais legislativos e trabalhos preparatórios, trata-se do elemento histórico.

Não de somenos importância, mas como elemento capital, será buscado compreender a norma dessubstancializada da *mens legislatori*, pelo que ganha ela vida própria e desvinculada, não de todo do seu idealizador, como já ressaltado, a partir do momento no qual a ela se empreende um sentido teleológico, pois como afirma Maximiliano, "o dogma tradicional da *vontade* foi substituído pelo dogma histórico-evolutivo do escopo, o arbítrio indomável do indivíduo, pelo fim eminentemente humano do instituto",[73] busca-se, nesse sentido, por escopo da norma, objeto interpre-

---

[70] Ibidem. p. 122.
[71] COELHO, Fábio Ulhoa. *Direito e poder*. São Paulo: Saraiva, 2005 p. 10-14.
[72] Ibidem. p. 10.
[73] MAXIMILIANO, Carlos. *Hermenêutica e aplicação do direito*. Rio de Janeiro: Forense, 2003. p. 126.

APRESENTAÇÃO ATUAL DA RESPONSABILIDADE OBJETIVA NO DIREITO BRASILEIRO **95**

tativo, o fim prático, o seu alcance teleológico, muito embora a propalada vontade do legislador não possa ser descurada no processo interpretativo como um todo, em alguns casos de interpretação mais recente ao nascedouro da legislação.

Para Larenz, quem desejar compreender plenamente uma lei tem de ter em mente tanto "as ideias subjetivas e metas volitivas, quanto certos fins e imperativos jurídicos objetivos, em relação aos quais, sustenta o próprio Larenz, não precisa o legislador de ter consciência ou de tê-la em toda a sua amplitude". Todavia, esclarece o autor que o escopo da interpretação só pode ser o sentido do que agora é juridicamente determinante, ou seja, o sentido normativo da lei.[74] Porém, ao interpretar a norma, o exegeta deve levar em consideração uma relação de tensão, que decorre do sentido normativo da lei, e que a cada momento e instante surge entre a vontade do legislador e o conteúdo da lei, em "permanente reformulação".[75] Observa o autor que toda e qualquer interpretação no sentido de ser absolutamente correta inexiste, tampouco pode ser válida em definitivo, "porque a interpretação tem sempre uma referência de sentido à totalidade do ordenamento jurídico respectivo e às pautas de valoração que lhe são subjacentes", isso porque "toda interpretação está condicionada, até certo ponto, pela época",[76] aliás, o que se tentará demonstrar durante toda a digressão do presente estudo.

Não descurando da evolução dos institutos de direto privado, sobretudo aqueles expressamente admitidos pelo atual Código Civil, e, em particular, no que atine aos princípios de índole social, não elidindo aqueles de acepção subjetiva, mas os complementando, criou-se novo paradigma para o julgador, o qual se respalda muito mais em cláusulas gerais, utilizando-se da técnica de princípios, pelo qual o simples silogismo quase matemático cede às novas técnicas, muito menos axiomáticas, e deve, no particular, entender a responsabilidade civil, aqui tratada de maneira sistematizada, pois que a lei já deixou de ser, e ela só isoladamente, o paradigma ontológico das decisões judiciais, no qual se deve buscar valor.

Em conjunto devem andar aliados os elementos histórico e teleológico, ainda assim cotejado com a *occasio legis* do objeto da interpretação, tudo evidenciado e ampliado de uma interpretação sistematizada do todo.

Diante do exposto, há de se crer que, na realidade, não se pode dar interpretação tão restritiva ao disposto no parágrafo único, em sua última

---

[74] LARENZ, Karl. *Metodologia da ciência do direito*. Trad. José Lamego. 3. ed. Lisboa: Fundação Calouste Gulbenkian, 1997.p. 448.

[75] Ibidem. p. 449.

[76] Ibidem. p. 443

96 DA RESPONSABILIDADE CIVIL DO CONDUTOR DE VEÍCULO AUTOMOTOR

parte, do art. 927, do novo Código, sob a alegação de que, se assim não se entender, poucas atividades se restariam para servir de supedâneo à teoria da culpa[77].

O entendimento que ora é exposto é o de que essa seja a real intenção do legislador. Ora, seria equitativo e razoável dar tratamentos diversificados às vítimas de um atropelamento ocasionado por um simples cidadão na

---

[77] Atualmente a doutrina vem dando margem a uma interpretação ampliada da cláusula de responsabilização objetiva, reduzindo em muito, mais ainda não o suficiente, a aplicação da cláusula de responsabilização subjetiva no direito brasileiro. Por exemplo, Ney Stany Morais Maranhão, pondera que é no âmbito trabalhista que se encontrará o maior número de casos de atividades de risco. Assim, para este autor, a cláusula ora estudada é plenamente aplicável aos casos de acidente de trabalho e doença ocupacional. Ora, nessas hipóteses, segundo o escritor, não pode incidir o que dispõe o art. 7.º, inciso XXVIII da Constituição Federal, vez que no *caput* deste artigo a Constituição prevê a cláusula vedativa de retrocesso quanto às condições sociais dos trabalhadores, com o objetivo de tutela à dignidade do ser humano. Portanto, todas as vezes que a atividade desempenhada pelo empregador se revele indutora de risco diferenciado, deve incidir a responsabilidade objetiva e não a subjetiva, nos termos da regra geral prevista na própria Lei Maior (MARANHÃO, Ney Stany Morais. *Responsabilidade civil objetiva pelo risco da atividade*: uma perspectiva civil-constitucional. São Paulo: Método, 2010, p. 283-287). A despeito do esforço exegético empreendido pelo autor citado, não há de se crer que a Constituição apenas implicitamente excepcionasse a regra dela própria, uma vez que preconiza que a responsabilidade do patrão pelos danos ocasionados aos empregados é subjetiva, com relação à indenização de direito comum, e, portanto, dependente da análise da culpa da conduta voluntária do empregador. Dessa forma, é de se entender que a excepcionalidade deveria se restar explícita na Lei Maior, caso esta fosse a sua real intenção; pois, do contrário, inclusive, dever-se-ia, também assim excepcionar, em absoluto, a regra do CDC que determina a responsabilidade subjetiva dos profissionais liberais por danos ocasionados aos seus clientes, seja nos casos de assunção de obrigação de resultado, seja nos casos de assunção de obrigação de meio, considerando que as regras do CC, embora genéricas em relação ao CDC quanto à matéria consumerista, assumem natureza principiológica constitucional com relação à defesa do consumidor, revogando o que dispõe o estatuto do consumidor. Haver-se-ia de concluir que perdeu toda a razão de ser da regra consubstanciada no artigo 14, § 4.º, do CDC? Deve-se crer que não! Cláudio Luiz Bueno de Godoy traz à baila outros casos subsumíveis ao dispositivo em estudo, a exemplo da responsabilidade decorrente de atividades bancárias de cobranças de títulos; da responsabilidade dos bancos de dados e cadastros de consumidores pelos danos decorrentes de anotação indevida do nome da vítima em cadastros de inadimplentes de comércio, respondendo de forma solidária com a empresa negativadora, pois que a atividade de cadastro de informações negativas acerca das pessoas é indutora de riscos, não se podendo jogar a responsabilidade apenas na empresa particular que prestou possíveis informações erradas ou destoantes da realidade, vez que a entidade de cadastro assume um risco especial ao se aliar às empresas que atuam no mercado de consumo para prestar a estas serviço de anotação, etc (GODOY, Cláudio Luiz Bueno de. *Responsabilidade civil pelo risco da atividade*. Coleção Prof. Agostinho Alvim. São Paulo: Saraiva, 2010, p. 127-147).

APRESENTAÇÃO ATUAL DA RESPONSABILIDADE OBJETIVA NO DIREITO BRASILEIRO **97**

condução do seu veículo e às vítimas desse mesmo atropelamento, sendo que, nesse caso, por um motorista de determinada empresa?

A evolução do conceito da responsabilidade civil, da culpa ao risco, mostra a preocupação de todos em minimizar a extrema inferioridade das vítimas, no que atine a sua posição probatória em processo de responsabilidade civil, colocando-a em posição, senão mais justa, pelo menos mais confortável nessa mesma relação jurídico-processual, tudo com supedâneo em espírito de equidade, pois que é a vítima a menos responsável pelo desenvolvimento de certas atividades consideradas, por assim dizer, mais "perigosas". Se não é justo impor ao causador do dano um ônus, muitas vezes maior que a sua real participação no evento danoso, muito mais injusto é sobrecarregar a vítima de ônus processuais em demasia, quando, em muitas ocasiões, é vítima também do próprio processo reparatório.

Trespassando, pois, por sérios obstáculos técnicos e culminando numa evolução a passos largos, o instituto da responsabilidade civil ganhou, mais uma vez, novos ares de progressão, máxime pela inclusão da cláusula geral de responsabilidade objetiva na segunda parte, do parágrafo único, do art. 927, do Código Civil, referente à responsabilidade civil do causador do dano no desenvolvimento de uma determinada atividade considerada "perigosa", ou indutora de risco diferenciado, por si mesma.

O sentido de atividade como a qualidade de ser ativo, de atuação, não pode ser restringido, sob pena de se propiciar uma involução no conceito de responsabilidade civil, como anteriormente demonstrado, certamente não desejada pelo legislador do novo Código, orientação esta que causaria uma espécie de *capitis diminutio* na lei civil pátria.

Corroborando com esse entendimento, o Código do Consumidor fala em "atividade", ao se referenciar aos riscos empresariais de certas atividades, certamente porque a expressão "ação" ou "omissão" em sede de responsabilidade do empreendedor resultar-se-ia, no mínimo, uma figura inusitada. Certo é, pois, que a expressão mais apropriada seria "atividade". Dessa maneira, quando o CDC dispõe no seu art. 3.º que "serviço é toda atividade...", não quer dizer, a toda evidência, que qualquer outra ação, mesmo que subjetivamente desempenhada, mas agrupada e coordenada, não possa constituir-se em "atividade" também; mas, contudo, simplesmente, porque não soaria bem dizer que serviço é toda ação fornecida no mercado de consumo. Todavia, *ad argumentandum tantum,* esse fato não exclui de qualquer maneira a hipótese de que a ação do homem, dentro da interpretação que ora se defende, considerada subjetivamente, seja, outrossim, entendida como atividade.

Como observado alhures, a expressão "atividade" também é mencionada no art. 2.050 do Código Civil italiano, com a ressalva de que, havendo qualquer tipo de atividade causadora de dano, para que não haja

98 DA RESPONSABILIDADE CIVIL DO CONDUTOR DE VEÍCULO AUTOMOTOR

responsabilização do agente, deve ele provar que agiu diligentemente, com todos os cuidados possíveis, exigíveis para um homem comum, e não parece que haja divergência de que tal dispositivo se aplique inteiramente ao condutor de veículos, quando da realização do fato danoso.

Também assim, o projeto de Código das Obrigações, cuja autoria atribui-se a Caio Mário, previra dispositivo semelhante ao do nosso atual parágrafo único do art. 927 do novo Código Civil (art. 872 do Código das Obrigações). Ora, o próprio autor mencionou como exemplo esclarecedor de atividade abrangida pelo risco criado aquela empreendida pelo automobilista, "mesmo que esteja passeando por prazer";[78] seria incongruência, senão apego excessivo ao tradicionalismo, entender que o escritor mencionado projetasse leis num sentido e ensinasse de outro. Ressoa lógico o elemento histórico na interpretação ora adotada, embora não determinante.

Deve-se levar em conta, ainda, a ampliação da responsabilidade objetiva em nosso direito hodierno. Assim, como já referenciado, até a responsabilidade dos pais pelos atos dos filhos; dos tutores pelos atos dos tutelados; dos curadores pelos atos dos curatelados; dos empregadores pelos atos dos empregados ou prepostos e dos hoteleiros e hospedeiros pelos seus hóspedes, moradores e educandos (arts. 932 e 933) é objetiva e submetida à teoria do risco; tudo isso no intuito da máxima e melhor reparação à vítima. Há quem entenda, inclusive, que está havendo uma visível objetivação da responsabilidade, como sistema geral adotado pelo novo Código Civil, "transmudando o caráter até então excepcional da responsabilidade objetiva, em regra, isto é, em preceito legal geral."[79]

---

[78] PEREIRA, Caio Mário da Silva. *Responsabilidade civil.* Rio de Janeiro: Forense, 2002. p. 17.

[79] HIRONAKA, Giselda Maria Fernandes Novaes. Tendências atuais da responsabilidade civil: marcos teóricos para o século XXI. In: DINIZ, Maria Helena; LISBOA, Roberto Senise (Coords.). *O direito civil no século XXI.* São Paulo: Saraiva. p. 224-225.
A questão de se saber se a responsabilidade objetiva é a regra no direito brasileiro atual não é pacífica entre os doutrinadores pátrios. Rui Stoco, por exemplo, afirma que a responsabilidade civil estabelecida no parágrafo único do artigo 927 do Código Civil brasileiro se trata de exceção à regra, sendo a aplicação desta teoria objetiva restrita. STOCO, Rui. *Tratado de responsabilidade civil.* São Paulo: Revistas dos Tribunais, 2004, p. 165. Por outro lado, há aqueles, a exemplo de Cláudio Luiz Bueno de Godoy, que também defende que inexiste uma regra geral de responsabilidade civil no ordenamento brasileiro, seja ela subjetiva ou objetiva, existindo, na realidade, uma convivência harmônica entre as causas que engendram no dever de reparar, isto é; o novo Código cedeu à tendência de multiplicidade de critérios de imputação de responsabilidade civil, ora com base na culpa, ora com base no risco, caracterizando o que se convencionou chamar de "sistema do duplo binário". GODOY, Cláudio Luiz Bueno de. *Responsabilidade civil pelo risco da atividade.* São Paulo: Saraiva,

APRESENTAÇÃO ATUAL DA RESPONSABILIDADE OBJETIVA NO DIREITO BRASILEIRO **99**

O Código de Trânsito Brasileiro, como se analisará em seguida, fornece todos os elementos para que se considere a atividade de condução de veículo automotor atividade propiciadora de risco aos direitos dos outros, entendida, por isso mesmo, indo-se até mais além, "perigosa".

Tem-se que a interpretação restritiva expendida pelos autores contraria todos os princípios de índole jurídico-social abarcados pelo nosso novo Código, e de há muito condicionantes da legislação infraconstitucional pela própria Constituição Federal, que, por esta e outras razões, não devem ser aceitas, pelo menos no que atine a atividade desenvolvida pelo condutor, com toda vênia que lhes deve ser creditada.

Posto isso, pergunta-se: a responsabilidade do condutor de veículo automotor se apresenta objetiva, com base na teoria do risco criado, diante das disposições do nosso atual Código Civil?

5.6 O REAL SENTIDO DA FRASE: *OU QUANDO A ATIVIDADE NORMALMENTE DESENVOLVIDA PELO AUTOR DO DANO IMPLICAR, POR SUA NATUREZA RISCOS PARA OS DIREITOS DE OUTREM*

Para a conclusão de que a prática do exercício de conduzir veículo automotor se enquadra na cláusula geral de responsabilização objetiva em nosso ordenamento, faz-se necessário um exame mais acurado do significado que se deve atribuir à expressão: "atividade normalmente desenvolvida".

O grande novel das críticas dos juristas ao enquadramento da atividade de conduzir veículo automotor nos termos da cláusula da responsabilidade sem culpa prevista na segunda parte, do parágrafo único, do art. 927, do Código Civil brasileiro em vigor, é justamente o de não se considerar o

---

2010, p. 43 e 44. Entretanto, não parece que a regra seja ainda a responsabilidade aquiliana, considerando a evolução do instituto da responsabilidade civil que não procura culpado, mas sim responsável. Outrossim, um sistema tipo "duplo binário", da mesma forma, não se pode sustentar, uma vez que inúmeros são os artigos do código civil que estabelecem a responsabilidade sem culpa de maneira explícita, por regramento legal específico para uma determinada hipótese abstrata, sem contar os inúmeros dispositivos previstos em outras legislações, a exemplo do Código de Defesa do Consumidor e da própria Constituição Federal. Portanto, a previsão expressa de tantos casos que redundem especificamente na responsabilidade objetiva daquele que deu causa a um determinado dano, assim como a previsão abstrata de uma cláusula genérica de responsabilização objetiva no ordenamento brasileiro, indicam a preferência deste mesmo ordenamento para a excepcionalidade, e não para a abolição, da teoria da responsabilidade extracontratual subjetiva.

100 DA RESPONSABILIDADE CIVIL DO CONDUTOR DE VEÍCULO AUTOMOTOR

ato de dirigir veículos como uma atividade, chegando uns a delimitar o termo atividade, de forma especialmente restritiva, ao conceito de serviço e, outros, não a delimitando nesse patamar, mas, considerando tal desiderato apenas como ato puro e simples, e não, propriamente, atividade, conforme adrede fora exposto.

A grande indagação que surge dessa linha de pensamento é de saber se o exercício de conduzir veículos não se caracteriza como uma verdadeira atividade. Ora, para se dirigir um veículo, sem contar com toda a estrutura montada para se formar um condutor pelo ordenamento jurídico, são necessários vários atos que se seguem em conjunto de forma ordenada para um determinado fim. Assim sendo, o condutor deve abrir a porta dianteira do veículo, sentar-se na cadeira do motorista, acionar a ignição, pisar na embreagem, passar a marcha, levemente soltando o pedal de embreagem e acionando o do acelerador, passando sucessivamente de maneira sistemática pelo mesmo processo, até se atingir a velocidade almejada. Caso o veículo pare por causa de um semáforo indicativo para tanto ou por qualquer outra circunstância, o processo se reinicia, até se chegar a um determinado local.

Maria Celina Bodin de Moraes doutrina que "uma atividade é uma série contínua e coordenada de atos e não se confunde com um único ato, ou com atos isolados, que permanecem sob o âmbito de incidência da culpa[80]".

No item 5.4, do capítulo 5, desta obra, foi feita uma observação da opinião de Cavalieri Filho, para quem o termo atividade fora empregado pelo atual Código como sinônimo de serviço, ou atividade econômica, distinguindo-se de ação, afã, energia, força ou vigor.

No mesmo espaço, foi abordada também a opinião de Cláudio Luiz Bueno de Godoy, para quem, embora o termo atividade não signifique necessariamente um serviço, pois pode ocorrer de se prestar uma atividade, sem que se realize um serviço, diz respeito a um conjunto ordenado de atos destinados a um determinado fim, sendo a prática do exercício de conduzir veículos automotores apenas um ato humano.

No item 5.5, do capítulo 5, do presente trabalho, restou-se consignado que o termo "atividade" não poderia ser interpretado de maneira restritiva, sob pena de se deixar de fora ações humanas, as quais, embora não subtendidas pela doutrina como propriamente atividade, uma vez exercidas,

---

[80] MORAES. Maria Celina Bodin de: Risco, solidariedade e responsabilidade objetiva. In: TEPEDINO, Gustavo e FACHIN, Luiz Edson (Coords.). *O direito e o tempo: embates jurídicos e utopias contemporâneas.* Estudos em homenagem ao professor Ricardo Pereira Lira. Rio de Janeiro/São Paulo: Renovar. 2010, p. 871.

APRESENTAÇÃO ATUAL DA RESPONSABILIDADE OBJETIVA NO DIREITO BRASILEIRO **101**

constituíam-se em fontes de riscos para os direitos de outrem, não sendo esta a real intenção do legislador, diante das evidências das fontes do dispositivo em estudo, como o projeto de Código das Obrigações, o art. 2.050 do Código Civil italiano e as referências articulares do Código Civil português para a responsabilidade civil do condutor de veículo.

Pois bem, para apimentar o debate, urge trazer à baila a opinião, não menos abalizada, de Fábio Ulhoa Coelho, o qual se inclina para a posição aqui adotada; isto é, de se considerar embutida no termo "atividade" descrita no dispositivo legal em análise, também a ação ou ato, propiciadora de riscos para os direitos de outrem; entretanto, por "atividade normalmente desenvolvida" entende ser aquela em que for possível a socialização dos custos, donde excluir desse espécime de responsabilidade, a dos motoristas pelos acidentes de circulação.

Para o autor:

> Atividade, para os fins do dispositivo em foco, não pode ter o significado singelo de conjunto ordenado de atos. Esta solução implicaria tratar toda responsabilidade por ato isolado de forma subjetiva fundado no *caput* do art. 927 do CC, e a derivada de dois ou mais atos ordenados, sempre de forma objetiva, lastreado na parte final do parágrafo único desse dispositivo. Explico. Se atividade é tomada no sentido mais corriqueiro de multiplicidade de atos articulados em vistas de um objetivo, somente hipótese de danos causados por um único ato poderia implicar responsabilidade aquiliana. Esse, porém, não pode ser o critério de distinção das espécies de responsabilidade, porque não haveria fundamento na discriminação. Interpretar atividade como um conjunto ordenado de atos implicaria inconsistências jurídicas como a seguinte: se a pessoa enfurecida danifica o carro do desafeto com uma única e certeira martelada, a responsabilidade seria subjetiva; se o danifica sem furor e sopesando friamente cada ato, mediante sucessivos e cotidianos agravos ao veículo, responderia de forma objetiva.
>
> A sucessão de atos ordenados, ressalto, é essencial para a identificação da atividade ensejadora da responsabilidade objetiva material (refere-se à responsabilidade baseada na cláusula genérica de responsabilidade objetiva prevista no CC). Não basta, porém, se se querem descartar implicações desarrazoadas como a assinalada. Poder-se-ia argumentar com a adjetivação empreendida pela lei, no sentido de que a atividade geradora de responsabilidade objetiva a que o agente reiteradamente explora. No dispositivo fala-se em 'atividade normalmente desenvolvida', o que sugere um conjunto de atos ordenados e habituais. Mas, ainda assim não será suficiente, porque não tem sentido tratar subjetiva ou objetivamente certa hipótese em função da reiteração ou habitualidade do que o agente faz. Se qualquer conjunto ordenado de atos com vistas a alcançar certo objetivo, repetitiva ou habitualmente praticados, gerasse responsabilidade objetiva material, chegar-se-ia a conclusão também

102 DA RESPONSABILIDADE CIVIL DO CONDUTOR DE VEÍCULO AUTOMOTOR

inconsistente sob o ponto de vista jurídico: o motorista que diariamente faz determinado trajeto da casa para o escritório teria responsabilidade objetiva se causasse acidente de trânsito, porque dirigir ali seria uma atividade normalmente desenvolvida por ele; mas, no dia em que variasse o trajeto, sua responsabilidade por acidente de trânsito passaria a ser subjetiva, porque dirigir por aquelas outras vias não correspondia à atividade normalmente exercida por ele[81].

Há de se concordar aqui, não com a conclusão do jurista, mas na sua fundamentação quanto à interpretação que se deve conceber ao termo "atividade" empregada pela lei civil. Ora, é evidente que se atividade é o conjunto ordenado de atos para se atingir um determinado objetivo, transparece clara a conclusão de que quaisquer ações humanas, no sentido restrito de energia ou afã, desde que coordenadas e multiplicadas para se atingir determinado fim ensejaria ao seu autor a responsabilidade objetiva. Portanto, na esteira do pensamento de Fábio Ulhoa, e nele pegando-se carona, será que aquele que agredisse fisicamente a outro, através de golpes de socos e pontapé, por uma semana, todos os dias, poderia responder de forma objetiva, para aqueles que entendem o termo "atividade" de maneira restrita? A resposta é obvia quanto ao enunciado, seja para quem defenda uma posição ou a outra.

A indagação sugerida em linhas anteriores, se se pode considerar o exercício de condução de automóveis uma atividade, não pode ser despropositada, tampouco desconsiderada.

Maria Celina Bodin de Moraes, com a percuciência de sempre, parece se inclinar para a posição de considerar o exercício de dirigir veículos como uma verdadeira atividade quando doutrina a respeito do conceito de atividade de risco:

> Há ainda situações em que ambas as posições causam riscos para os direitos um do outro, como ocorre no caso de dois condutores de veículos. Nestes casos, sugere-se a seguinte solução: sempre que houver reciprocidade do risco, a disciplina a ser aplicada é a da culpa, isto é, quando apenas uma das partes detiver a fonte do risco (*rectius*, do perigo), quando efetivamente ela criar "risco para os direitos de outrem" a responsabilidade será objetiva[82].

---

[81] COELHO, Fábio Ulhoa. *Curso de direito civil*. Obrigações. Responsabilidade civil. São Paulo: Saraiva, 2010, p. 362-364.

[82] MORAES. Maria Celina Bodin de: Risco, solidariedade e responsabilidade objetiva. In: TEPEDINO, Gustavo e FACHIN, Luiz Edson (Coords.). *O direito e o tempo: embates jurídicos e utopias contemporâneas*. Estudos em homenagem ao professor Ricardo Pereira Lira. Rio de Janeiro/São Paulo: Renovar, 2010, p. 873.

APRESENTAÇÃO ATUAL DA RESPONSABILIDADE OBJETIVA NO DIREITO BRASILEIRO **103**

À ação ou à atividade propriamente dita, seja como for, de dirigir veículo automotor, quando normalmente desenvolvida pelo autor do dano, geradora de riscos aos direitos de outrem, como fonte de perigo, é de se concluir, aplica-se inteiramente a parte final do parágrafo único, do art. 927, do Código Civil pátrio.

Por fim, considerado o termo "atividade" em seu sentido mais amplo, urge perscrutar acerca do significado da expressão "quando normalmente desenvolvida", pelo autor do dano.

Normalmente desenvolvida aqui não é aquela atividade que quotidianamente o autor do dano possa realizar, isto é, no dia a dia, e não ocasionalmente. Normalmente tem um sentido mais abrangente. Assim, qualquer atividade, quando normalmente desenvolvida, ou seja, no seu exercício comum, sem se extrapolar os limites do razoável, desde que propiciadora de riscos especiais ou de perigo aos direitos de outrem, enseja na responsabilização objetiva do seu autor na forma do dispositivo em análise.

A condução de veículo automotor, mesmo que realizada dentro dos parâmetros legais e com a observância do dever genérico de cuidado, embora seja a primeira e a última vez que um determinado autor do dano a explore, já enseja riscos aos outros, pois que, quando normalmente desenvolvida, desempenhada, constitui-se em atividade de risco.

5.7 O CÓDIGO DE TRÂNSITO BRASILEIRO COMO BASE DE SUSTENTAÇÃO DA RESPONSABILIDADE OBJETIVA

O código de Trânsito Brasileiro, Lei nº 9.503, de 23 de setembro de 1997, disciplina toda uma estrutura, através de preceitos normativos, para que o processo de circulação de bens e pessoas se desenvolva dentro de padrões de segurança, eficiência, fluidez e conforto. Destarte, o condutor de veículo deve estar devidamente habilitado, e seu veículo, em perfeitas condições de uso, além de observar uma disciplina rígida tendo por enfoque a sua conduta. O Código, ao disciplinar o procedimento do exame de habilitação do condutor, determina um prévio processo de educação no trânsito. Nesse sentido, ele estabelece que a educação para o trânsito seja promovida, inclusive na pré-escola e nas escolas de 1.º, 2.º e 3.º graus de todo o país, conforme preceitua o seu art. 76.

Com todo esse disciplinamento, o Código estabelece penalidades às infrações de trânsito, tipificando também condutas delituosas, arts. 291 a 312. Já com relação às infrações, estão elas divididas em quatro grupos.

104 DA RESPONSABILIDADE CIVIL DO CONDUTOR DE VEÍCULO AUTOMOTOR

Assim, além do pagamento de multa, todo infrator terá pontos computados em sua habilitação e, ao se atingir 20 pontos, gera a suspensão da carteira de habilitação do motorista.

É de se observar, portanto, que o direito de conduzir veículos automotores está precedido de deveres, anteriores e posteriores ao processo de habilitação, assim como durante ele. Tais deveres revelam a amplitude dos cuidados que deve ter o condutor durante estas fases. Aliás, o capítulo III do Código de Trânsito Nacional define as "Normas Gerais de Circulação e Conduta", definindo no art. 29 o modo de proceder do condutor de veículo nas vias terrestres abertas à circulação, devendo ele observar a existência de boas condições de funcionamento dos equipamentos e objetos do automóvel, assim como a existência de combustível suficiente para chegar ao local de destino. O art. 28, no mesmo sentido, preceitua que o condutor deverá ter, a todo momento, o domínio de seu veículo, dirigindo com grande atenção e cuidados indispensáveis à segurança plena do trânsito.

Sendo assim, a atividade de conduzir veículos não fora, nem poderia deixar de ser, descurada pelo legislador infraconstitucional, portanto, não se olvidou do amplo e rígido disciplinamento desta atividade.

Da mesma forma, por envolver o direito de todos a um trânsito hígido, direito difuso por excelência, o Código de Trânsito estabelece as regras para um policiamento preventivo e, quiçá, repressivo, desta relevante atividade.

À polícia de trânsito incumbe a fiscalização das condutas dos condutores, com a precípua função preventiva e moralizadora do trânsito. Dessa maneira, com todo esse controle, não se pode descurar do enquadramento desta atividade, entre aquelas consideradas geradoras de riscos aos direitos de outrem, pois, poucas atividades desenvolvidas pelo homem merecem tão grande atenção por parte do legislador.

Nesse diapasão, sobreleva a importância de atenção e cuidado que deve observar o motorista, não só para evitar lesões aos direitos de terceiros, mas também para preservar sua própria incolumidade física e/ou psíquica; a sua atividade, por isso, por sua natureza, revela-se perigosa e "todo aquele (pessoa física ou jurídica) que empreende uma atividade que, por si mesma, cria um risco para outrem, responde por suas consequências danosas a terceiros".[83] Tal atividade, em si, pode ser considerada propiciadora de riscos e, portanto, entendida como perigosa nos termos expendidos.

---

[83] PEREIRA, Caio Mário da Silva. *Responsabilidade civil.* Rio de Janeiro: Forense, 2002. p. 288-289.

6

A TEORIA DO RISCO COMO FUNDAMENTO DE REPARAÇÃO CIVIL

Será mostrado, já neste espaço, que a nossa legislação, *de lege data,* com supedâneo na teoria do risco criado[1], da qual é seu mais notável defensor, aqui no Brasil, Caio Mário,[2] o qual configurou este entendimento no projeto de Código de Obrigações, dotou de objetividade a responsabilidade daqueles que exercem atividades, consideradas, por si próprias, "perigosas", ou também, simplesmente, propiciadoras de riscos aos direitos de outrem.

Como já se restou bastante repetido, em sede de responsabilidade civil objetiva, despiciendo é ao julgador formar convencimento a respeito da culpa do agente causador do evento danoso. Isso é avaliado de acordo com o risco gerado pelo exercício de alguma atividade capaz de produzir, por si mesma, danos aos direitos dos outros. Sendo assim, a responsabilidade civil objetiva se respalda na teoria do risco, capaz de determinar o dever de reparar independentemente do aspecto subjetivo do agente causador do dano.

Por oportuno, convém deixar registrado que não é qualquer risco que preconiza a legislação de direito civil em análise, isso porque, a toda evidência, qualquer ato ou ação da vida realizada pelo ser humano gera riscos, basta se observar que uma corrida ou uma simples caminha-

---

[1] Nem todos os doutrinadores brasileiros concordam com a tese de ter se apoiado o dispositivo referente à cláusula genérica de responsabilidade objetiva na teoria do risco criado, a exemplo de Flávio Tartuce, segundo o qual a teoria do risco da atividade *(ou risco profissional)* foi utilizada pelo legislador do Código Civil de 2002, no referido dispositivo. A teoria do risco criado, segundo ele, "está presente nos casos em que o agente cria o risco, decorrente de outra pessoa ou de uma coisa", a exemplo da previsão do art. 938 do CC (TARTUCE, Flávio. *Direito civil. Direito das obrigações e responsabilidade civil.* v. 2, São Paulo: Método, 2010, p. 459).

[2] PEREIRA, Caio Mário da Silva. *Responsabilidade civil.* Rio de Janeiro: Forense, 2002. p. 285.

106 DA RESPONSABILIDADE CIVIL DO CONDUTOR DE VEÍCULO AUTOMOTOR

da, mesmo que realizada em local propício para o exercício desse ato, pode gerar danos, como aqueles decorrentes dos choques entre pessoas, podendo-se derivar daí até eventos de morte. Aliás, viver, por si só, pode se constituir em um risco. Sendo assim, há de se concordar aqui com Ney Stany Morais Maranhão, para quem o risco acionador da incidência do art. 927, paragrafo único, do Código Civil brasileiro é aquele "risco qualificado ou diferenciado", não se exigindo que seja "risco agravado, robusto, quase sinônimo de perigo"[3], entretanto, não qualquer risco.

Risco, para boa parte da doutrina[4], deve ser entendido como probabilidade de dano, "importando isso dizer que aquele que exerce uma atividade perigosa deve assumir os riscos e reparar o dano dela decorrente",[5] condicionando a verificação do risco ao exercício de uma atividade perigosa[6].

Cláudio Luiz Bueno de Godoy, por outro lado, chama a atenção para o fato de que o parágrafo único do art. 927 do Código Civil brasileiro, não se socorreu da noção de perigo como fez o Código Civil da Itália, dando margem a uma interpretação mais abrangente do termo "risco" por ele referenciado, chegando à conclusão de que a lei brasileira não adotou a teoria da atividade perigosa como o fez a legislação italiana, em seu art. 2.050 do respectivo Código Civil,[7] para caracterizar a atividade de risco.

De fato, o Diploma italiano preceitua que "aquele que ocasionar prejuízo a outro no exercício de uma atividade perigosa por sua natureza ou pela natureza dos meios adotados, ficará obrigado ao ressarcimento se não provar ter adotado todas as medidas idôneas para evitar o dano", significando que o risco abrangido por esta cláusula se caracteriza pelo exercício de uma atividade perigosa por sua natureza ou pela natureza dos meios adotados. Ao reverso, a lei civil do Brasil não condiciona a

---

[3] MARANHÃO, Ney Stany Morais. *Responsabilidade civil objetiva pelo risco da atividade*: uma perspectiva civil-constitucional. São Paulo: Método, 2010, p. 274.

[4] Carlos Roberto Gonçalves doutrina que a responsabilidade extracontratual pode ser fundada no risco, quando a obrigação de reparar um dano decorra do exercício de uma atividade perigosa. *Direito civil brasileiro*. Responsabilidade civil. São Paulo: Saraiva, 2010, p. 52.

[5] CAVALIERI FILHO. Sérgio. *Programa de responsabilidade civil.* São Paulo: Malheiros, 2002. p. 166.

[6] Flávio Tartuce doutrina que o dispositivo brasileiro referente a clausula de responsabilidade objetiva, foi baseado no art. 2.050 do Código Civil Italiano, mas com ele não se identifica, pois este trata da *espozione al pericolo* (exposição ao perigo), enquanto que o dispositivo do Código brasileiro trata de uma atividade de risco, não necessariamente perigosa (TARTUCE, Flávio. *Direito civil. Direito das obrigações e responsabilidade civil.* v. 2, São Paulo: Método, 2010, p. 458 e 459).

[7] GODOY, Cláudio Luiz Bueno de. *Responsabilidade civil pelo risco da atividade.* Coleção Prof. Agostinho Alvim. São Paulo: Saraiva, 2010, p. 58 62 e 79 e 80.

A TEORIA DO RISCO COMO FUNDAMENTO DE REPARAÇÃO CIVIL   **107**

responsabilização objetiva ao exercício de uma atividade perigosa[8], mas simplesmente "quando a atividade normalmente desenvolvida pelo autor do dano implicar, por sua natureza, riscos para os direitos de outrem"; o que, em absoluto, não significa reconhecer que o exercício de uma atividade perigosa, implicadora de riscos, não esteja também abrangido pelo dispositivo em exame. Contudo, a nossa lei foi mais além, abarcando na sua cláusula aberta também a atividade que, quando normalmente desenvolvida, seja implicadora de riscos aos direitos de outrem; risco, já agora, especial ou qualificado; donde se aceitar a conclusão de que a expressão atividade "arriscada" ou "perigosa", para a lei em análise, não guarda o mesmo significado da expressão "atividade de risco[9]", ou melhor, com o significado do risco induzido pelo exercício da atividade.

Convém, dessa maneira, fazer a distinção entre o risco e o perigo. Como dito, fala-se em risco quando o dano possa ser imputado a uma decisão, ao passo que o perigo ocorre independentemente desta decisão, ou seja, quando os danos possíveis não guardem relação com uma decisão.[10]

Ilustrando, a doutrina traz o exemplo da AIDS. Com comportamento de risco, encontra-se aquele que busca a aventura sexual, já os parceiros fixos daquele que se deleita nas aventuras desta índole, encontram-se em perigo. Dessa maneira, na condução de veículos automotores, pela sua só condução, realiza o agente uma atividade de risco, pois ela pode gerar danos que tenham relação direta com a atividade de conduzir, por isso mesmo, relação com essa decisão; ao passo que aquele que não tenha possibilidade de reagir a tal comportamento,[11] submete-se ao perigo; donde, forçoso é concluir pela periculosidade desta atividade para os terceiros alheios ao seu exercício.

Para fundamentar tal distinção, Roger Silva Aguiar, arrimado no magistério de Antônio Herman Benjamin, faz a distinção entre os conceitos de risco-possibilidade e do risco-probabilidade, embora conclua que a

---

[8]   Maria Celina, na esteira do pensamento da maioria dos juristas nacionais, doutrina que o dispositivo referente à cláusula genérica de responsabilidade civil objetiva incide nas atividades organizadas que, licitamente, representam perigo para os direitos de outrem, sendo indenizáveis de forma objetiva os danos injustos decorrentes de atividades perigosas licitamente empreendidas (MORAES. Maria Celina Bodin de: Risco, solidariedade e responsabilidade objetiva. In: TEPEDINO, Gustavo e FACHIN, Luiz Edson (Coords.). *O direito e o tempo:* embates jurídicos e utopias contemporâneas. Estudos em homenagem ao professor Ricardo Pereira Lira. Rio de Janeiro/São Paulo: Renovar, 2010, p. 880).

[9]   MARANHÃO, Ney Stany Morais. *Responsabilidade civil objetiva pelo risco da atividade:* uma perspectiva civil-constitucional. São Paulo: Método, 2010, p. 272 274.

[10]   HOFMEISTER, Maria Alice Costa. *O dano pessoal na sociedade de risco.* Rio de Janeiro: Renovar, 2002. p. 37-38.

[11]   HOFMEISTER, Maria Alice Costa. *Op. Cit..,* p. 38.

108 DA RESPONSABILIDADE CIVIL DO CONDUTOR DE VEÍCULO AUTOMOTOR

cláusula geral em estudo adotou o conceito de risco-probabilidade, significando dizer que ela abrange em seu enunciado uma atividade humana que importa "perigo". Entretanto, a síntese de seu estudo serve de supedâneo doutrinário para as distinções entre risco e perigo, *in verbis*:

> (...) Embora não seja de nossa pretensão criar terminologias, é certo que o risco projetou-se em duas subespécies: o risco-possibilidade e o risco--probabilidade. No primeiro caso, o risco é apenas a possibilidade de dano que a atividade humana traz ínsita em si e que pode ser erigida a uma condição de responsabilidade objetiva pelo legislador; já no risco-probabilidade, a atividade ao ser desempenhada gera um perigo, no qual a possibilidade de dano se afasta daquela condição normal e se apresente como uma perspectiva concreta para a vítima. Foi esta a situação assumida pelo bifacetamento do artigo 927, parágrafo único, aliado a dois outros aspectos: o legislador introduziu no artigo uma fórmula geral de responsabilidade, em que a figura do risco como perigo não se coaduna mais com a ideia da mera possibilidade de dano como consequência natural da atividade humana. Caso o termo risco fosse colocado com este sentido, o princípio geral que o contém faria a responsabilidade objetiva se expandir por quase todo o sistema uma vez que praticamente todas as atividades humanas criam a possibilidade de causação de danos; o princípio geral firmado no artigo 927, parágrafo único, inicia-se com a conjunção temporal *quando,* denotando que o legislador acolheu o entendimento de que nem toda atividade humana importa em "perigo" para terceiros com o caráter que lhe foi dado na terceira parte do parágrafo. Portanto, à luz dos fatos expendidos, é possível se concluir que a ideia de risco se viu dividida em duas: o risco-possibilidade-relativo à assunção dos prejuízos causados a outrem, em razão da prática de uma determinada atividade que traz em si a possibilidade da causação do dano. Em tais situações, para que o agente venha a responder objetivamente, a hipótese necessariamente terá que estar estatuída em lei, conforme previsto na segunda parte do artigo; risco-probabilidade – a qualificação de determinada atividade como perigosa, assinalando assim a existência concreta de um perigo de dano. Esta visão remanesce fixada na terceira parte do dispositivo e poderá ser estatuída por lei ou reconhecida pelo judiciário. Doravante, ao se afirmar que a responsabilidade objetiva possui como fundamento a *teoria do risco,* será preciso atentar para o fato de que o termo *risco,* neste caso, possui um sentido lato que abrange tanto a simples possibilidade de dano em razão de uma conduta praticada, como também a probabilidade consistente de ofensa pelo exercício de uma atividade perigosa[12].

Em empenhado estudo, Cláudio Luiz Bueno de Godoy, ao se debruçar sobre a interpretação da cláusula genérica de responsabilidade

---

[12] AGUIAR, Roger Silva. *Responsabilidade civil objetiva. Do risco à solidariedade.* São Paulo: Atlas, 2007, p. 49, 50 e 51.

A TEORIA DO RISCO COMO FUNDAMENTO DE REPARAÇÃO CIVIL **109**

objetiva no direito brasileiro, traz as possibilidades interpretativas para a caracterização das espécies de risco adotadas, já agora, pelo legislador. Assim, partindo do pressuposto de que a lei poderá condicionar a responsabilização objetiva de alguém pelo simples exercício de uma atividade e a existência de um dano decorrente desse exercício, através da adoção "do risco integral", caracterizador de uma causalidade pura; ou pelo fornecimento de um produto ou serviço ocasionador de dano, tendo como dado qualificador do nexo causal o defeito no produto ou na prestação de um serviço; ou, ainda, pelo exercício de uma atividade intrinsecamente perigosa, quando o dado qualificador do nexo de imputação da obrigação de indenizar seria justamente o reconhecimento do perigo inerente a uma dada atividade, não necessariamente adquirido ou anormal, caracterizando-se as duas últimas hipóteses, espécies de risco mitigado, confere as variantes da teoria do risco que poderiam ter sido adotadas pelo nosso diploma de direito substantivo[13].

Ora, ao se analisar os arts. 12, 14, 18 e 20, todos do Código de Defesa do Consumidor, resta-se patente que o legislador consumerista acolheu o risco mitigado quanto à responsabilização objetiva do fornecedor do bem de consumo pelos danos ocasionados aos consumidores, isso porque condiciona a responsabilidade civil, além, evidentemente, da comprovação dos elementos objetivos do dever de reparar, tais quais a conduta, o dano e o nexo causal, à existência de defeito de qualidade ou de segurança a ser identificado no produto ou na prestação do serviço. Portanto, coerente com o pensamento de Cláudio Bueno de Godoy, tem-se que o estatuto do consumidor apoiou o dever de reparar na coexistência dos elementos objetivos da responsabilidade civil e do elemento qualificador especial do nexo de imputação, que é a existência do defeito, considerada a inexistência do defeito como eximente do dever de reparar, por obstáculo ao nexo causal, ou melhor, ao nexo de imputação, sendo matéria de defesa que pode ser alegada pelo réu, conforme os arts. 12, § 3.º, II. e 14, § 3.º, I, do mesmo Estatuto.

Nessa linha de raciocínio, Zelmo Denari doutrina que:

> Outra eximente que pode ser invocada pelos fornecedores é a da inexistência de defeito (inc. II). Os acidentes de consumo supõem, como um *prius*, a manifestação de um defeito do produto ou serviço, e como um *posterius*, um evento danoso. O defeito do produto ou serviço é um dos pressupostos da responsabilidade por danos nas relações de consumo. Se produto não ostentar vício de qualidade, ocorrerá a ruptura da relação causal que determina o dano, ficando afastada a responsabilidade do fornecedor.

---

[13] GODOY, Cláudio Luiz Bueno de. *Responsabilidade civil pelo risco da atividade.* Coleção Prof. Agostinho Alvim. São Paulo: Saraiva, 2010, p. 84-94.

110 DA RESPONSABILIDADE CIVIL DO CONDUTOR DE VEÍCULO AUTOMOTOR

Assim, figurativamente, um acidente de trânsito somente se qualificará como acidente de consumo se os danos dele decorrentes puderem ser atribuídos, por uma relação de causalidade, à prefiguração de um defeito intrínseco (*v.g.*, defeito de montagem) ou extrínseco (*v.g.*, vício de informação)[14].

O Código Civil italiano, como já acentuado em linhas anteriores, adotou a teoria do risco-perigo em sua cláusula genérica, condicionando o dever de reparar à comprovação do exercício de uma atividade perigosa, ou, em outras palavras, de uma atividade que contenha um perigo intrínseco ou inerente; no que qualifica o nexo causal com a ideia de perigo.

Por derradeiro, a causalidade pura, com base no "risco integral", não sujeita a responsabilidade objetiva à verificação de um elemento qualificador da relação causal, verificando-se ela pelo puro e simples exercício de uma determinada atividade relacionada à existência de um dano.

A nossa lei civil, na última parte do parágrafo único, do art. 927, não determinou o dever de reparar independentemente de culpa, com base no risco mitigado pela existência de defeito no exercício da atividade por ela considerada, pois não o subordinou à verificação ou constatação de defeito, diferençando-se sobremaneira da redação imprimida ao art. 931 do mesmo Código. Dessa forma, o art. 931 pode ser aplicado às hipóteses de responsabilidade civil pelo fato do produto e, por extensão, pelo fato do serviço, quando no caso concreto não se caracterize uma relação de consumo, uma vez que, do contrário, é de se aplicar as regras do CDC, mas, em ambas as hipóteses, com a exigência da comprovação do defeito de qualidade ou de segurança no fornecimento do bem, seja este um produto ou um serviço.

De mais a mais, a redação do dispositivo em estudo no presente escrito claramente não subordinou a existência do dado, ou elemento qualificador, do nexo causal ou de imputação ao exercício de uma atividade indutora de risco-perigo. Outrossim, com toda evidência, não deixou livre a caracterização do nexo causal, impedindo a configuração do risco integral, pela mitigação imprimida através da exigência do exercício de uma atividade propiciadora de riscos aos direitos de outrem.

Há, então, de se concordar com Cláudio Luiz Bueno de Godoy, no sentido de que o novo Código Civil adotou a cláusula genérica de responsabilidade objetiva, apoiado no risco mitigado, qualificado pelo elemento "risco induzido pela atividade exercida", não se exigindo a qualificação tão somente pelo exercício de atividade indutora de perigo, portanto, de risco agravado.

---

[14] DENARI, Zelmo. *Código brasileiro de defesa do consumidor*. Comentado pelos autores do anteprojeto. Rio de Janeiro. São Paulo: Forense Universitária. 2001, p. 168.

A TEORIA DO RISCO COMO FUNDAMENTO DE REPARAÇÃO CIVIL **111**

São estas as conclusões do autor:

1.º Em primeiro lugar, ele afasta o viés interpretativo da causalidade pura, no sentido de que não basta para a configuração da responsabilidade objetiva a existência de um dano decorrente do simples exercício da atividade desenvolvida pelo seu autor, exigindo-se, antes, um elemento qualificador do nexo causal;

2.º Em segundo lugar, afasta a ideia de que o elemento qualificador que desfiguraria a causalidade pura seria a existência de defeito no produto ou na prestação do serviço; isto é, na consecução da atividade, pois que tal fundamento já se utilizaram o CDC, e o art. 931 do Código Civil, omitindo-se tal exigência na cláusula genérica de responsabilização objetiva;

3.º Em terceiro, não aceita a comparação exata entre a cláusula genérica brasileira com os dispositivos correlatos do direito italiano e do direito português, uma vez que diversamente do que se continha no projeto de Código das Obrigações e nos direitos da Itália e de Portugal, não se exigiu, agora no Brasil, que a atividade desenvolvida por alguém devesse ser perigosa, em sua essência (perigo abstrato), ou particularmente perigosa ante o evento provocado (perigo concreto), exigindo-se, antes, e menos, que essa atividade se revelasse apenas indutora de risco a direitos de outrem, ampliando esta noção, o espectro da responsabilização[15];

4.º Por fim, conclui que o risco contemplado pelo dispositivo ora estudado seja, de alguma forma, diferenciado, isso porque toda atividade humana gera de qualquer maneira um certo risco aos direitos de outrem, todavia, cabe assim a demonstração de que a atividade normalmente desenvolvida seja indutora de um risco especial a terceiros; um risco, pois, que se apresente relevante, apreciável, considerável, ou, simplesmente, especial, específico, no dizer de Santos Briz, pelo autor citado, não como aquele inerente a toda sorte de atividade desenvolvida pelo homem, mas sim inferido das circunstâncias objetivas e concretas do caso, devendo tal risco ser entendido "a partir da constatação estatística dos danos pelo seu exercício provocados[16]".

O homem, ao desenvolver determinada atividade, ora a empreende no intuito de lhe retirar proveito econômico, e, por isso, deve responder

---

[15] GODOY, Cláudio Luiz Bueno de. *Responsabilidade civil pelo risco da atividade.* Coleção Prof. Agostinho Alvim. São Paulo: Saraiva, 2010, p. 108 e 109.

[16] Ibidem, p. 112, 113, 114 e 115.

por danos oriundos da consecução desta atividade – *ubi emolumentum ibi onus* – quem aufere as vantagens deve suportar os ônus; ora essa atividade, embora não determine um ganho econômico, em seu sentido estrito, envolve-o em um conceito amplo; ora, até mesmo quando não haja qualquer ganho econômico, puramente num aspecto prático, mas simplesmente subsume que aquele propiciador de um risco, por simples atividade desempenhada, deve suportar as consequências dela.

Todos esses conceitos estão reunidos em princípios básicos. Assim, pelo princípio do interesse ativo, *cujus commodum, ejus periculum,* deve arcar com a indenização à vítima, pelo proveito auferido, aquele que o retira, oriundo da consecução da atividade respectiva, sendo seu maior expoente, segundo Aguiar Dias, o austríaco Vítor Mataja, segundo o qual as perdas e danos decorrentes dos acidentes inevitáveis na exploração de uma empresa devem ser incluídos nas despesas do negócio; pelo princípio da prevenção, deve arcar com os ônus do processo de responsabilidade civil, aquele que está em melhores condições de efetivar a prova, e não a fez, ou seja, baseia-se "na dificuldade da prova da responsabilidade e nas insuficiências das regras processuais estabelecidas no sentido de favorecê-la";[17] isto é, cabe àquele que estiver na condução de uma atividade provar que o dano é resultado de uma causa exterior e estranha à sua atividade, e impossível de ser por ele afastada, cuidando-se, segundo Dias, da concepção elaborada por Gustave Rumelin, orientado pelo sentido de que caberia ao legislador estimular o homem a ser mais diligente na consecução de suas atividades; pelo princípio da equidade ou do interesse preponderante, deve arcar com os efeitos da indenização a parte economicamente mais abastarda,[18] não podendo, de si mesma, essa teoria, ser base para responsabilidade civil, segundo Aguiar Dias, isso porque o pobre nunca experimentaria o ressarcimento do dano, mesmo que este ressarcimento fosse a ele imputável; ainda, pelo princípio da repartição do dano, o seu ressarcimento se faria pelo seguro, ou, caso contrário, ficaria a cargo do Estado; e, por fim, pelo princípio do caráter perigoso do ato, deve responder pelos danos aquele que gera riscos pelo só fato do exercício da atividade, ou seja, " baseia-se na concepção de que o homem cria para o seu próximo um perigo particular"[19].

A atividade propiciadora de risco, perigosa ou não, tanto pode envolver um ganho econômico, de forma restrita ou mesmo ampla, como

---

[17] GOMES. Luiz Roldão Freitas. *Elementos de responsabilidade civil.* Coord. Ricardo Pereira Lira. Rio de Janeiro: Renovar, 2000. p. 158.

[18] Ibidem. p. 159.

[19] DIAS, José de Aguiar. *Da responsabilidade civil.* 11. ed. revista e atualizada de acordo com o Código Civil de 2002, e aumentada por Rui Berford Dias, Rio de Janeiro: Renovar, 2006, p. 68/71.

A TEORIA DO RISCO COMO FUNDAMENTO DE REPARAÇÃO CIVIL   **113**

não; quando o simples exercício da atividade, por si mesmo, revela-se propiciador ou indutor de risco.

Com base nessas considerações, foram criadas várias modalidades de risco. Tem-se, destarte, a teoria do risco administrativo, que determina a responsabilidade de indenizar da administração pública, pelo só fato da obra; a teoria risco excepcional, que embasa a responsabilidade daqueles que atuam com certas atividades que acarretam riscos excepcionais, como, por exemplo, na exploração de energia nuclear, nas atividades que envolvem transportes de explosivos etc.; a teoria do risco profissional, segundo a qual a responsabilidade decorre de certas profissões ou atividades laborativas, pela qual deve o empregador responder independentemente de culpa nos casos de acidentes decorrentes do exercício dessas atividades aos seus trabalhadores; a teoria do risco-proveito, através da qual aquele que tira proveito de determinadas atividades deve responder objetivamente pelos danos ocasionados aos terceiros – *ubi emolumentum, ibi onus;* a teoria do risco integral, que determina o dever de reparar mesmo nos casos de ausência do nexo causal, ou melhor, nos casos de quebra do nexo causal, assim mesmo nos casos dos danos imputáveis à causa exclusiva da vítima, ao fato de terceiro, à força maior e ao caso fortuito.

Como gênero das modalidades das teorias colacionadas, pode-se ainda mencionar a teoria do risco criado, segundo a qual todo aquele que desempenha uma atividade capaz de gerar, por si mesma, danos aos outros, tem o dever de repará-lo, independentemente da averiguação de conduta faltosa de sua parte, que encontra em Cáio Mário[20] fervoroso defensor, porque com

> El progreso de la moderna vida económica y la creciente complicación de tráfico ha traído consigo la apreciación de muchos riesgos especiales que amenazan a todos los individuos, sin que éstos dispongan de protección suficiente.[21]

No caso do risco gerado pela atividade desenvolvida pelo condutor de veículo automotor, trata-se de risco objetivo, considerado aquele que, para Calomeni, "fora cientificamente construído usando os melhores dados e conhecimentos disponíveis", não simplesmente de risco percebido, ou seja, "baseado em impressões subjetivas", daí o Código de trânsito para demonstrar todo o estudo que circundou a sua criação. Nesses casos, impende-se aos Estados, e à própria sociedade, criar meios de evitar os riscos, criando-se

---

[20] PEREIRA, Caio Mário da Silva. *Responsabilidade civil*. Rio de Janeiro: Forense, 2002. p. 88-89.

[21] ENNECCERUS, Ludwing; NIPPERDEY, Hans Karl. *Tratado de derecho civil*. Trad. de Blas Pèrez Gonzàlez e José Alguer. 3. ed. Barcelona, 1981. t. 1, pt. general, 2. pt., p. 928.

114 DA RESPONSABILIDADE CIVIL DO CONDUTOR DE VEÍCULO AUTOMOTOR

mecanismos legitimadores[22] de suas ações, como a do caso da regra estampada na segunda parte, do parágrafo único, do art. 927, do novo Código Civil Brasileiro e as regras materiais do Código de Trânsito.

Convém deixar registrado ainda, forte nas considerações de Maria Celina Bodin de Moraes, que a responsabilidade objetiva com fundamento no risco criado, tão somente poderá ser adotada para os casos em que não houver reciprocidade de riscos, quando, no caso, a responsabilidade a ser aplicada será a subjetiva, a exemplo da colisão entre dois veículos automotores. Ao contrário, quando apenas uma das partes envolvidas no acidente detiver a fonte de risco, por não haver a reciprocidade de riscos, a exemplo de um veículo que atropela um transeunte, a responsabilidade a ser considerada para o seu condutor, será a objetiva[23].

Por fim, embora aqui se tenha chegado à insofismável conclusão de que a atividade de conduzir veículos automotores seja propiciadora de perigo mesmo para os direitos de terceiros submetidos aos riscos inerentes ao desenvolvimento normal desta atividade, não se pode olvidar do entendimento também insofismável de que o dispositivo que trata da cláusula geral de responsabilidade objetiva no direito brasileiro abrange não somente o risco derivado do exercício de uma atividade que induza um perigo, mas assim também do exercício de uma atividade indutora de risco especial aos direitos de outrem, pelo que passou a adotar o direito brasileiro a teoria do risco criado na cláusula referida.

No esteio de todas as considerações expendidas, sob as basilares da teoria subjetivista, na qual não se prescinde de todo fato de ordem moral ou psicológica, ou de causalidade interna com relação ao dano, buscou-se uma solução equitativa, com evidente justiça para a parte vitimada da relação de responsabilidade civil, quando, na verdade, os princípios norteadores da teoria do risco persistiam maquiados nas soluções encontradas pela doutrina e jurisprudência, as quais não se desgarravam dos ideais inspiradores da teoria da culpa, como ainda não acontece na prática forense, onde os julgadores persistem na ideia de culpa, jungindo-a à solução reparatória. O espírito equitativo, pois, não cedeu às considerações de ordem moral subjetivista, já que a sua presença é evidente desde os primórdios da construção da responsabilidade civil extracontratual e em todo o seu desenvolvimento, como aduziu e concluiu Alvino Lima[24].

---

[22] Ibidem, p.117.

[23] MORAES. Maria Celina Bodin de: Risco, solidariedade e responsabilidade objetiva. In: TEPEDINO, Gustavo e FACHIN, Luiz Edson (Coords.). *O direito e o tempo: embates jurídicos e utopias contemporâneas.* Estudos em homenagem ao professor Ricardo Pereira Lira. Rio de Janeiro/São Paulo: Renovar, 2010, p. 873.

[24] LIMA, Alvino. *Culpa e risco.* São Paulo: Revista dos Tribunais, 1999. p. 327.

OS FATORES EXCLUDENTES DA RESPONSABILIDADE CIVIL DO CONDUTOR DE VEÍCULO AUTOMOTOR

Consagrada a responsabilidade civil objetiva para os casos de danos provocados por alguém na condução de veículo automotor a outra pessoa, quando esta também não detenha fonte de riscos, na segunda parte, do parágrafo único, do art. 927, do novo estatuto de Direito Civil pátrio, urge salientar que tal responsabilidade não pode ser integral a ponto de se olvidar das hipóteses de exclusão do nexo causal, tais quais: a causa exclusiva da vítima, o fortuito externo e o fato de terceiro, equiparado a fortuito externo. Ademais, havendo causa de exclusão de ilicitude, como a legítima defesa, estado de necessidade, estrito cumprimento de dever legal e o exercício regular de direito, também não há que se falar em responsabilidade pela reparação de dano ocasionado nessas situações.

No capítulo primeiro do presente trabalho foram abordados os elementos objetivos da responsabilidade civil, para o surgimento do dever de reparar, sendo eles: a conduta humana voluntária (ação ou omissão, esta com relevância normativa), o dano e o nexo causal entre a conduta e o resultado. Ora, a inexistência de qualquer desses elementos redunda mesmo na inexistência da responsabilidade civil.

O nexo causal, então, constitui-se em elemento objetivo da responsabilidade civil, importando em se saber qual a causa, se houver várias, mais adequada à produção do evento danoso, para se impingir o dever de reparar àquele que a deu ensejo.

Em sede de responsabilidade objetiva, interessa saber se existiu relação de imputação entre o exercício da atividade desenvolvida pelo causador do dano e a sanção de reparação ou de restituição a ele imposta pelo ordenamento, independentemente da demonstração de que o agente, ou melhor, do responsável, agiu de forma culposa. Entretanto, esta relação de imputação não se observará se o dano não decorreu de ação própria

116 DA RESPONSABILIDADE CIVIL DO CONDUTOR DE VEÍCULO AUTOMOTOR

do agente que desenvolveu a atividade, mas sim de fatores estranhos ao exercício da atividade.

Havendo, pois, rompimento ou exclusão do nexo causal, não há que se falar, consequentemente, em responsabilidade civil ou em dever de reparar. Tal exclusão se observará quando o dano decorrer da interferência de caso fortuito ou de força maior, de causa exclusiva da vítima e de fato de terceiro, não relacionado à atividade desenvolvida pelo suposto autor do dano.

Clóvis Beviláqua, utilizando-se da distinção de Huc para o caso fortuito e para a força maior, doutrina que o primeiro é o acidente produzido por força física ininteligente, não tendo as partes como preverem o acontecimento; ao passo que a força maior seria o fato de terceiros, que criou, para a inexecução da obrigação, um obstáculo, que a boa vontade do devedor não consegue vencer[1].

Aguiar Dias, após declarar que as expressões caso fortuito e força maior são sinônimas, doutrinou a inutilidade da distinção entre elas, com base nas conclusões do trabalho do professor Arnoldo Medeiros, caso fortuito e teoria da imprevisão. O escritor citado classificava o caso fortuito e a força maior "em decorrência de dois elementos: um interno, de caráter objetivo, ou seja, a inevitabilidade do evento; outro, externo ou subjetivo, a ausência de culpa", mas ensinou que o que importa é a perquirição da existência do nexo causal. Assim, desaparecido este, não é mais possível falar em obrigação de reparar[2].

Menciona Agostinho Alvim a corrente doutrinária segundo a qual se caracterizará o caso fortuito sempre que o fato seja irresistível, mas decorrente de circunstâncias ligadas à pessoa do causador do dano ou à sua empresa; por outro lado, será caracterizada a força maior sempre que o fato seja externo, isto é, decorrente de fenômenos da natureza, ordens de autoridades ou de ocorrências políticas, como guerras e revoluções. Nesse sentido, é de se concluir do raciocínio do autor que, quando a responsabilidade é objetiva, para a sua exclusão, não basta o caso fortuito, mas, apenas, a força maior[3].

Para Sérgio Cavalieri Filho, o caso fortuito se caracterizará todas as vezes que o evento for imprevisível e, por isso, inevitável; ao passo

---

[1] BEVILÁQUA, Clóvis. *Código dos Estados Unidos do Brasil*. Rio de Janeiro: Rio1958. p. 173. v. IV.

[2] DIAS, José de Aguiar. *Da responsabilidade civil*. 11. ed. revista e atualizada de acordo com o Código Civil de 2002, e aumentada por Rui Berford Dias. Rio de Janeiro: Renovar, 2006, p. 935 e 936.

[3] AGOSTINHO, Alvim. *Da inexecução das obrigações e suas consequências*. São Paulo, 1949, n. 207 e 208.

OS FATORES EXCLUDENTES DA RESPONSABILIDADE CIVIL **117**

que se o evento for inevitável, ainda que previsível, cuida-se de força maior, por se tratar de fato superior às forças do agente. Dessa arte, elenca nessas hipóteses os fatos da natureza[4].

O Código Civil de 2002, abeberando-se no art. 1.058 do Código Beviláqua, em seu art. 393, no título referente ao inadimplemento das obrigações, estabelece que "o devedor não responde pelos prejuízos resultantes de caso fortuito ou força maior, se expressamente não se houver por eles responsabilizado", deixando evidente que a distinção entre ambos os conceitos parece irrelevante.

É de ser entendido que realmente a distinção entre os conceitos não se apresenta uniforme entre os doutrinadores, não sendo isso fator impeditivo de se adequar bem os conceitos, enquadrando tanto o caso fortuito como a força maior, como fatos necessários e capazes de excluir o nexo causal, desde que se caracterize como fortuito externo, tendo-se por perspectiva a responsabilidade objetiva aqui trabalhada.

A doutrina simplifica a aplicação do caso fortuito ou da força maior como aptos a excluírem o nexo de causa e efeito, quando estes forem caracterizados, no caso concreto, como fortuito externo[5].

Na esteira desse raciocínio, caso o fato se ligue, ou se relacione, imediata e diretamente ao exercício da atividade desenvolvida por aquele a quem se imputa o dano, estando conexa com ela, é de ser denominado de fortuito interno. Ao contrário, caso o fato necessário não tenha essa ligação com a consecução da atividade, é de ser denominado fortuito externo.

Nos casos de responsabilidade subjetiva, cujo elemento culpa é imprescindível para a sua caracterização, o simples fortuito interno determina o corte do nexo causal; ao revés, nas hipóteses de responsabilidade objetiva, que não tenha por fundamento a teoria do risco integral, o corte do nexo etiológico somente poderá ser efetivado quando o fato necessário se caracterize como fortuito externo.

O simples fortuito interno exclui a responsabilidade do causador do dano nos casos de responsabilidade dependente da comprovação de culpa, haja vista que não se pode imputar o dano a quem não deu causa por sua culpa, entretanto, quando o dever de reparar se respalda no risco que o exercício de determinadas atividades induzem, dada a sua potencialidade danosa, apenas o fortuito externo está apto a produzir o corte do nexo

---

[4] CAVALIERI FILHO, Sérgio. *Programa de responsabilidade civil*. São Paulo: Malheiros, 2002. p. 85.

[5] Ibidem, p. 182-183.

118 DA RESPONSABILIDADE CIVIL DO CONDUTOR DE VEÍCULO AUTOMOTOR

causal. A base, dessa maneira, para a averiguação da responsabilidade se opera em momento lógico antecedente à sua própria existência, ou seja, na existência ou não do fato do nexo de causa e efeito, sendo bem evidente que sem o nexo referido não há que se falar em conduta propiciadora do dano e, conseguintemente, em responsabilidade civil.

Na hipótese da consecução da atividade de dirigir veículo automotor, por exemplo, a quebra de barra de direção, problemas nos burrinhos de freios etc., só podem ser caracterizados como fortuito interno, não sendo producentes do corte do nexo de causa e efeito entre a conduta de dirigir e o dano imputável ao motorista do veículo, persistindo o seu dever de indenizar. Ao contrário, caso se reste comprovado que o fato se caracteriza como fortuito externo, a responsabilidade é de ser excluída.

Além dos fatos necessários, a causa ou o fato exclusivo da vítima, não tecnicamente também denominada de culpa exclusiva da vítima, e o fato de terceiro equiparado a fortuito externo, ensejam o corte do nexo causal, na hipótese da responsabilidade em estudo.

O fato exclusivo da vítima opera a transposição do nexo causal para a conduta realizada por ela, não podendo o agente, supostamente acionado como causador do dano, ser responsabilizado, visto que não deu causa ao resultado, sendo dele simples instrumento.

O fato de terceiro também exclui o nexo etiológico entre a conduta e o resultado danoso, excluindo a responsabilidade do agente, sendo ele também mero instrumento do acidente. Nessa hipótese, portanto, há transferência do nexo para a pessoa estranha da pessoa do sujeito que realiza a atividade e da pessoa da vítima.

O fato de terceiro, porém, para ser hábil a produzir o corte do nexo causal, deverá ser equiparado a fortuito externo, pelos mesmos motivos expendidos com relação ao fortuito externo, devendo tal análise para a sua caracterização ser feita casuisticamente. Assim, assaltos a ônibus, por exemplo, é de se entender, não poderá excluir a responsabilidade do transportador de reparar os danos deles oriundos, considerando a ligação invariável entre a atividade de transporte e os riscos de ocorrências de crimes da espécie, mormente nas grandes capitais brasileiras, caracterizando-se como fato de terceiro equiparado a fortuito interno. Todavia, se o assalto se desse em estabelecimentos bancários, nem de fato de terceiro equiparado a fortuito se trataria, dada a previsibilidade do acontecimento e a sua possível evitabilidade.

O fortuito externo, a causa exclusiva da vítima e o fato de terceiro equiparado a fortuito externo, em conclusão, são fatores aptos a produzirem o corte do nexo etiológico no caso da responsabilidade objetiva do condutor de veículo automotor.

8

CONCLUSÃO

Como se pôde observar, o presente trabalho se desenvolveu no sentido de apresentar gradativamente a evolução do instituto da responsabilidade civil e, com ela, o desenvolvimento encetado pelo pós-positivismo, dentro de uma construção interpretativa da norma, com fundamento nos princípios jurídicos e políticos estampados na Carta Magna, ou nela implícitos, mormente o da solidariedade social e o da dignidade da pessoa humana. Para isso, não se descurou da evolução destes, bem como dos paradigmas interpretativos, para a concretização, atualmente, da norma jurídica.

O instituto da responsabilidade civil, em seus primórdios, jungia a reparação do dano à comprovação, além dos seus elementos clássicos, tais como a ação voluntária, o dano e o nexo etiológico entre esta ação e o dano, da conduta culposa do agente causador do evento danoso e, como consequência lógica, da imputabilidade do sujeito, interligada invariavelmente a tal elemento de índole psicológica.

Com o evoluir dos tempos, passaram os objetos e maquinários utilizados pelos homens a sofrer profundas modificações tecnológicas e, ainda, propiciou-se a existência de relações massificadas, fatos estes que geraram a defasagem dos conceitos tradicionais da responsabilidade civil, diante da insatisfação reparatória da vítima que se via diante de impedimentos técnicos de produção probatória.

Nesse sentido, de acordo com o número de processos sem solução reparatória, quedavam-se as vítimas a cada pretensão movimentada na justiça. Entretanto, a jurisprudência de nossos pretórios, abeberando-se nas fontes doutrinárias e em julgados alienígenas, evoluiu o conceito de responsabilidade civil, o qual se transpôs do paradigma da culpa para o do risco.

Passo a passo, foi-se criando mecanismos de inversão de ônus probatório de acordo com a etiologia da relação jurídica originária, ou de acordo com atividade exercida pelo agente segundo o seu fim e a criação

120 DA RESPONSABILIDADE CIVIL DO CONDUTOR DE VEÍCULO AUTOMOTOR

do mecanismo da culpa contra a legalidade, esta como mecanismo de inversão mais apropriado para os casos de acidentes de trânsito.

Trespassando, pois, pelas agruras processuais, a vítima, hodiernamente, encontra-se, perante nosso ordenamento jurídico, numa posição equitativamente mais balanceada, tendo em vista a posição da parte ré na relação jurídico-processual de responsabilidade. Portanto, a solução de continuidade sofrida pelos vitimados, em razão daqueles encargos de índole probatória, *de lege data,* não mais pode ser levantada para angariar injustiças processuais.

Hoje, no que pertine aos danos oriundos de relação consumerista, não há empecilho em ser adotada a teoria do risco, sobretudo pelo que dispôs o Estatuto do Consumidor. De outro turno, para que não se levantassem vozes contra a aplicação da teoria objetiva a certas atividades, o atual Código Civil dispôs no parágrafo único do seu art. 927 que responderá independentemente de culpa o causador de um dano no exercício de atividade a qual, por si mesma, seja propiciadora de riscos aos direitos de outrem. O Código, então, ampliou a aplicação da teoria do risco além das fronteiras das relações empresariais, isto é, onde exista risco empresarial, perpassando pela teoria do risco-proveito, já agora abarcando a teoria do risco criado.

O novo Código empregou a expressão "atividade" em dois sentidos. No primeiro, referindo-se especificamente à atividade no sentido de serviço, no intuito de que não se restassem de fora da teoria aqui coligida, a responsabilidade daqueles que exercem atividades não empresariais, ou pelo menos fora do espectro da relação de índole consumerista. Já no segundo sentido, empregando-a de forma ampla, utilizou-a no sentido de simples agir ou ação humanas, mas desde que seja enfocada, *in concreto,* pelo magistrado, como atividade "perigosa", ou, pelo menos, indutora de riscos especiais aos direitos de outrem.

O aumento do número de acidentes de trânsito e de vítimas de danos decorrentes desses acidentes propicia uma interpretação mais ampliativa da cláusula genérica de responsabilização objetiva pela consecução da atividade de dirigir veículos, no intuito de considerá-la como uma verdadeira atividade indutora de riscos mais que especiais aos direitos de outrem; isto é, indutora de perigo mesmo a esses direitos, embora, conforme se restou assentado na presente exposição, a cláusula brasileira de responsabilização sem culpa não se restrinja àquelas atividades propiciadoras de perigo ou de uma espécie de risco qualificado.

Para o enquadramento da responsabilidade do condutor de veículo automotor, causador de dano, na cláusula genérica estudada, é necessário

CONCLUSÃO

analisar se houve, quando do exercício desta atividade, reciprocidade de risco, ou não. Assim, se o condutor abalroa em outro veículo guiado por outro condutor, há reciprocidade de risco, aplicando-se a regra da responsabilidade subjetiva. Ao reverso, caso um condutor atropele um transeunte, portanto, não havendo tal reciprocidade quanto ao risco, a sua responsabilidade será apurada independentemente da análise de sua conduta culposa e, em consequência, com base na cláusula genérica de responsabilidade objetiva prevista na última parte, do parágrafo único, do art. 927, do Código Civil brasileiro.

Abstrair do conceito de "atividade perigosa", ou pelo menos do conceito de uma espécie de atividade indutora de riscos especiais aos direitos de outrem, a ação do condutor de veículo automotor no momento do evento danoso seria dar à exegese força de involução a todo o progresso auferido, no ensejo da máxima e melhor reparação á vítima, mormente pelo disciplinamento da atividade em estudo pela nossa atual legislação de trânsito, que faz transmudar a atividade de dirigir veículos em algo muito sério e que diz respeito à incolumidade física e psíquica de todo cidadão e, consequentemente, à higidez do trânsito, sendo um direito de todos. Porém, é tarefa da jurisprudência ir elencando aquelas atividades ditas "indutoras de risco", abarcadas pelo sentido da lei.

Tal entendimento repousa na ideia de que o Estado deve preocupar-se com a efetivação do princípio do amplo acesso à justiça, não só do ponto de vista do direito processual, com a facilitação do acesso de todo àquele que realmente precise buscar os auspícios do Poder Judiciário, assim como na interpretação das normas, de uma forma geral, sobretudo as de índole material, interpretação esta centrada na principiologia constitucional, atribuindo efetividade ao espírito humanizador da nossa Lei Maior e infligida a toda ordem constitucional. Isso porque, no atual estágio social, o homem representa muito mais que o seu "ter", típico da sociedade de outrora, oitocentista, passando a prefigurar seu "ser" em todas as relações nas quais esteja imiscuído, nesta sociedade pós-novecentista, pois constitui fundamento da República Federativa do Brasil construir uma sociedade, livre, justa e solidária.

REFERÊNCIAS BIBLIOGRÁFICAS

AGUIAR, Roger Silva. *Responsabilidade civil.* A culpa, o risco e o medo. São Paulo: Atlas, 2011.

_____. *Responsabilidade civil objetiva.* Do risco à solidariedade. São Paulo: Atlas, 2007.

AGUIAR JÚNIOR, Rui Rosado de. Responsabilidade civil do médico. In: TEIXEIRA, Sálvio de Figueiredo (Coord.). *Direito e medicina*: aspectos jurídicos da medicina. Belo Horizonte: Del Rey, 2000.

ALBUQUERQUE, Fabíola Santos. A responsabilidade civil e o princípio do poluidor-pagador. *Revista da ESMAPE*, Recife: Bagaço, v. 4, n. 9, jan./jun. 1999, p. 159-175.

ALEXY, Robert. *Teoria de los derechos fundamentales.* Trad. de Ernesto Garzón Valdés. Madrid: Centro de Estúdios Constitucionales, 1993.

ALVES, Jones Figueirêdo; DELGADO, Mário Luiz. *Código civil anotado.* São Paulo: Método, 2005.

AMARAL, Francisco. *Direito civil*: introdução. 5. ed. Rio de Janeiro: Renovar, 2003.

ARANGIO-RUIZ, Vincenzo. *Instituzioni di diritto romano.* Napoli: Casa Editrice Dott; Eugenio Jovene, 1997.

AZEVEDO, Álvaro Villaça. *Código civil comentado.* São Paulo: Atlas, 2003. v. 2.

BAPTISTA, Silvio Neves. *Ensaios de direito civil.* São Paulo: Método, 2006.

_____. *Teoria geral do dano.* São Paulo: Atlas, 2003.

BARCELOS, Ana Paula de. *A eficácia jurídica dos princípios constitucionais:* o princípio da dignidade humana. Rio de Janeiro: Renovar, 2002.

BARROSO, Luis Roberto. Fundamentos teóricos e filosóficos do novo direito constitucional brasileiro: pós-modernidade, teoria crítica e pós-positivismo.

124 DA RESPONSABILIDADE CIVIL DO CONDUTOR DE VEÍCULO AUTOMOTOR

In: _____ (Org.). *A nova interpretação constitucional:* ponderação, direitos fundamentais e relações privadas. Rio de Janeiro: Renovar, 2006.

_____. O estado contemporâneo, os direitos fundamentais e a redefinição da supremacia do interesse público. In: SARMENTO, Daniel (Org.). *Interesses públicos versus interesses privados:* desconstruindo o princípio da supremacia do interesse público. Rio de Janeiro: Lumen Juris, 2005.

BASTOS, Ricardo Silva; HIRONAKA, Giselda Maria Novaes (Coord. e Coautora). *Responsabilidade civil e o ônus da prova:* direito e responsabilidade. Belo Horizonte: Del Rey, 2002.

BEVILÁQUA, Clóvis. *Código dos Estados Unidos do Brasil.* Edição Histórica. Rio de Janeiro: Rio, 1940.

_____. *Teoria geral do direito civil.* Edição rev. e atual. por Caio Mário da Silva Pereira. Rio de Janeiro: Francisco Alves, 1975.

BÍBLIA SAGRADA. Velho testamento e novo testamento. Rio de Janeiro: Imprensa Bíblica Brasileira, 1991.

BITENCOURT, Cezar Roberto. *Manual de direito penal*: parte geral. São Paulo: RT, 1999.

BOBBIO, Norberto. *A era dos direitos.* Trad. de Carlos Nelson Coutinho. Apres. de Celso Lafer. Rio de Janeiro: Elsevier, 2004.

_____. *Estado, governo e sociedade*: para uma teoria geral da política. Trad. de Marco Aurélio Nogueira. Rio de Janeiro: Paz e Terra, 2004.

_____. *O futuro da democracia.* Trad. de Marco Aurélio Nogueira. 9. ed. São Paulo: Paz e Terra, 2004.

_____. *O positivismo jurídico.* Trad. de Miguel Pugliesi, Edson Beni e Carlos E. Rodrigues. São Paulo: Ícone, 1995.

BONAVIDES, Paulo. *Curso de direito constitucional.* São Paulo: Malheiros, 2006.

CALOMENI, Tereza Cristina B. Risco e justiça. In: FOCAULT, Michel (Org.). *Entre o murmúrio e a palavra.* Campos: Faculdade de Direito de Campos, 2004.

CAMBI, Eduardo. *A prova civil:* admissibilidade e relevância. São Paulo: RT, 2006.

CANOTILHO, J. J. Gomes. *Direito constitucional e teoria da constituição.* 7. ed. Coimbra: Almedina, 2003.

CAPPELLETTI, Mauro; GARTH, Bryant. *Acesso à justiça.* Trad. de Ellen Gracie Northfleet. Reimp. Porto Alegre: Sérgio Antônio Fabris, 2002.

CAVALIERI FILHO, Sérgio. *Programa de responsabilidade civil.* São Paulo: Malheiros, 2002.

REFERÊNCIAS BIBLIOGRÁFICAS 125

_____; DIREITO, Carlos Alberto Menezes. *Comentários ao novo Código Civil.* Coord. Sálvio Figueiredo Teixeira. Rio de Janeiro: Forense, 2004. v. 13.

CHAMOUN, Ebert. *Instituições de direito romano.* 4. ed. Rio de Janeiro: Forense, 1962.

COELHO, Fábio Ulhoa. *Curso de direito civil.* Obrigações. Responsabilidade civil. São Paulo: Saraiva, 2010.

_____. *Direito e poder.* São Paulo: Saraiva, 2005.

CUNHA, Euclides da. *Os sertões.* Rio de Janeiro: Francisco Alves, 1997.

CURY, Vera de Arruda Rozo. *Introdução à formação histórica no Brasil.* Campinas: Edicamp, 2003.

DELGADO, José Augusto. Organização política do Brasil: o Poder Judiciário na democracia representativa: a organização e o funcionamento do poder judiciário em todas as instâncias. *Revista Júris Plenum,* Caxias do Sul: Plenum, a. 2, n. 1, p. 21-45, jul. 2006.

DENARI, Zelmo. *Código Brasileiro de Defesa do Consumidor.* Comentado pelos autores do anteprojeto. Rio de Janeiro: Forense Universitária, 2001.

DIAS, José de Aguiar. *Da responsabilidade civil.* Rio de Janeiro: Forense, 1983.

DINIZ, Maria Helena. *Curso de direito civil brasileiro:* responsabilidade civil. São Paulo: Saraiva, 2003.

EHRHARDT JR., Marcos. Responsabilidade civil no direito contratual contemporâneo. In: EHRHARDT JR., Marcos (Org.). *Temas de direito civil contemporâneo.* Estudos sobre o direito das obrigações e contratos em homenagem ao professor Paulo Luiz Netto Lôbo. Salvador: JusPodivm, 2009.

ENNECCERUS, Ludwing; NIPPERDEY, Hans Karl. *Tratado de derecho civil.* Trad. de Blas Pèrez Gonzàlez e José Alguer. 3. ed. Barcelona, 1981.

FACCHIN NETO, Eugênio. Reflexões histórico-evolutivas sobre a constitucionalização do direito privado. In: SARLET, Ingo Wolfgang (Org.). *Constituição, direitos fundamentais e direitos privados.* Porto Alegre: Livraria do Advogado, 2003.

FACHIN, Luiz Edson. Virada de Copérnico: um convite à reflexão sobre o Direito Civil brasileiro contemporâneo. In: _____ (Coord.). *Repensando os fundamentos do Direito Civil brasileiro contemporâneo.* Rio de Janeiro: Renovar, 2000.

_____. *Teoria crítica do Direito Civil.* Rio de Janeiro: Renovar, 2003.

_____; RUZKY, Carlos Eduardo Pianovski. Direitos fundamentais, dignidade da pessoa humana e o novo Código Civil. In: SARLET, Ingo Wolfgang (Coord.). *Constituição, direitos fundamentais e direito privado.* Porto Alegre: Livraria do Advogado, 2003.

126 DA RESPONSABILIDADE CIVIL DO CONDUTOR DE VEÍCULO AUTOMOTOR

FERREIRA FILHO, Manoel Gonçalves. *Estado de direito e constituição*. 3. ed. São Paulo: Saraiva, 2004.

GAGLIANO, Pablo Stolze; PAMPLONA FILHO, Rodolfo. *Novo curso de direito civil*. Responsabilidade Civil. São Paulo: Saraiva, 2007. v. III.

GALILEI, Galileu. *Ciência e fé*. Trad. de Carlos Arthur R. do Nascimento. Instituto Cultural Ítalo-Brasileiro, 1988.

GIORDANI, José Acir Lessa. *A responsabilidade civil objetiva genérica no Código Civil de 2002*. Rio de Janeiro: Lumen Juris, 2004.

GODOY, Cláudio Luiz Bueno de. *Responsabilidade civil pelo risco da atividade*. Coleção Prof. Agostinho Alvim. São Paulo: Saraiva, 2010.

GOMES NETO, José Mário Wanderley. *O acesso à justiça em Mauro Cappelletti:* análise teórica desta concepção como "movimento" de transformação das estruturas do processo civil brasileiro. Porto Alegre: Sérgio Antônio Fabris, 2005.

GOMES, Luiz Roldão de Freitas. *Elementos de responsabilidade civil*. Coord. Ricardo Pereira Lira. Rio de Janeiro: Renovar, 2000.

GOMES, Orlando. *Raízes históricas e sociológicas do Código Civil brasileiro*. São Paulo: Martins Fontes, 2003.

GONÇALVES, Carlos Roberto. *Comentários ao Código Civil*. São Paulo: Saraiva, 2003. v. 11.

_____. *Responsabilidade civil*. 6. ed. São Paulo: Saraiva, 1995.

GONÇALVES, Vânia Mara Nascimento. *Direito civil brasileiro*. Responsabilidade civil. São Paulo: Saraiva, 2010.

_____. *Estado, sociedade civil e princípio da subsidiariedade na era da globalização*. Rio de Janeiro: Renovar, 2003.

GOUVEIA, Lúcio Grassi de. *Interpretação criativa e realização do direito*. Recife: Bagaço, 2002.

GRAU, Eros Roberto. *Ensaio sobre a interpretação/aplicação do direito*. 2. ed. São Paulo: Malheiros, 2003.

GRUPPI, Luciano. *Tudo começou com Maquiavel:* as concepções de estado em Marx, Engels, Lênin e Gramsci. Trad. de Dário Canali. Porto Alegre: L & PM, 1980.

HIRONAKA, Giselda Maria Fernandes Novaes. Tendências atuais da responsabilidade civil: marcos teóricos para o século XXI. In: DINIZ, Maria Helena; LISBOA, Roberto Senise (Coords.). *O direito civil no século XXI*. São Paulo: Saraiva, 2004.

HOBBES, Thomas. *Leviatã, ou, a matéria, forma e poder de um estado eclesiástico e civil*. Trad. de Rosina D'angina. São Paulo: Ícone, 2000.

REFERÊNCIAS BIBLIOGRÁFICAS

HOFMEISTER, Maria Alice Costa. *O dano pessoal na sociedade de risco.* Rio de Janeiro: Renovar, 2002.

IHERING, Rudolf Von. *O universo do direito:* textos selecionados. Trad. de Henrique de Carvalho. Belo Horizonte: Líder, 2004.

KANT, Immanuel. *La paz perpetua.* Trad. de Susana Aguair. Buenos Aires: Longeseller, 2001.

KASER, Max. *Direito privado romano.* Lisboa: Fundação Calouste Gulbenkian, 1999.

KELSEN, Hans. *Teoria pura do direito.* Trad. de João Baptista Machado. 6. ed. São Paulo: Martins Fontes, 2003.

KFOURI NETO, Miguel. *Responsabilidade civil do médico.* São Paulo: RT, 2001.

LARENZ, Karl. *Metodologia da ciência do direito.* Trad. de José Lamego. 2. ed. Lisboa: Fundação Calouste Gulbenkian, 1997.

LEAL, Larissa Maria de Moraes. Boa-fé contratual. In: LÔBO, Paulo Luiz Netto; LYRA JÚNIOR, Eduardo Messias Gonçalves de (Coords.). *A teoria do contrato e o novo Código Civil.* Recife: Nossa Livraria, 2003.

LIMA, Alvino. *Culpa e risco.* São Paulo: RT, 1999.

LLOSA, Mario Vargas. *A guerra do fim do mundo.* Trad. de Remy Gorga Filho. São Paulo: Companhia das Letras, 1999.

LÔBO, Paulo Luiz Netto. *Condições gerais do contrato e cláusulas abusivas.* São Paulo: Saraiva, 1991.

_____. *Direito das obrigações.* Brasília: Brasília Jurídica, 1999.

LUMIA, Giuseppe. *Elementos de teoria e ideologia do direito.* Trad. de Denise Agostinetti. São Paulo: Martins Fontes, 2003.

MACHIAVELLI, Nicolò. *O príncipe.* Trad. de Deocleciano Torrieri Guimarães. São Paulo: Rideel, 2003.

MARANHÃO, Ney Stany Morais. *Responsabilidade civil objetiva pelo risco da atividade*: uma perspectiva civil-constitucional. São Paulo: Método, 2010.

MARINONI, Luiz Guilherme. A legitimidade da atuação do juiz a partir do direito fundamental à tutela jurisdicional efetiva. *Revista Nacional da Magistratura,* Rio de Janeiro: Justiça e Cidadania, a. 1, n. 1, abr. 2006.

MARTINS COSTA, Judhite. *A boa-fé no direito privado.* São Paulo: RT, 2000.

MAXIMILIANO, Carlos. *Hermenêutica e aplicação do direito.* Rio de Janeiro: Forense, 2003.

MIRANDA, Pontes de. *Fontes e evolução do direito civil brasileiro.* Rio de Janeiro: Forense, 1981.

_____. *Tratado de direito privado*: parte geral, bens, fatos jurídicos. Atual. por Vilson Rodrigues Alves. Campinas: Bookseller, 2000. t. 2.

MORAES, Maria Celina Bodin de. Risco, solidariedade e responsabilidade objetiva. In: TEPEDINO, Gustavo e FACHIN, Luiz Edson (Coords.). *O direito e o tempo:* embates jurídicos e utopias contemporâneas. Estudos em homenagem ao professor Ricardo Pereira Lira. Rio de Janeiro: Renovar, 2010.

MULLER, Friedrich. *Métodos de trabalho do direito constitucional.* Trad. de Peter Naumann. 2. ed. São Paulo: Max Limonad, 2000.

NEGREIROS, Tereza. *Teoria dos contratos:* novos paradigmas. Rio de Janeiro: Renovar, 2002.

NUNES, Rizzato. *O princípio constitucional da dignidade da pessoa humana:* doutrina e jurisprudência. São Paulo: Saraiva, 2002.

PEREIRA, Caio Mário da Silva. Instituições de direito civil. In: _____. *Introdução ao direito civil:* teoria geral de direito civil. Rio de Janeiro: Forense, 1995. v. 1.

_____. *Responsabilidade civil.* Rio de Janeiro: Forense, 2002.

PERLINGIERI, Pietro. *Perfis do direito civil:* introdução ao direito civil constitucional. Trad. de Maria Cristina de Cicco. Rio de Janeiro: Renovar, 2002.

PETIT, Eugène. *Tratado elementar de direito romano.* Trad. de Jorge Luiz Custódio Porto. Campinas: Russell, 2003.

PEZZELLA, Maria Cristina Cereser. Código Civil em perspectiva histórica. In: SARLET, Ingo Wolfgang (Org.). *O novo Código Civil e a Constituição.* Porto Alegre: Livraria do Advogado, 2003.

QUEIROGA, Antônio Elias. *Responsabilidade civil e o novo Código Civil.* Rio de Janeiro: Renovar, 2003.

RIPERT, Georges. *A regra moral nas obrigações civis.* Trad. da 3. ed. francesa Osório de Oliveira. Campinas: Bookseller. 2002.

_____. *Regime democrático e o direito civil moderno.* Trad. J. Cortesão. São Paulo: Saraiva, 1937.

RIZZARDO, Arnaldo. *Responsabilidade civil.* Rio de Janeiro: Forense, 2005.

ROCHA, Cármen Lúcia Antunes. O princípio da dignidade da pessoa humana e a exclusão social. *Revista Interesse Público*, n. 4, 1999.

_____. Vida digna: direito, ética e ciência: os novos domínios científicos e seus reflexos jurídicos. In: _____ (Coord.). *O direito à vida digna.* Belo Horizonte: Fórum, 2004.

RODRIGUES, Silvio. *Direito civil*: responsabilidade civil. São Paulo: Saraiva, 2001.

ROUSSEAU, J. J. *Do contrato social.* Trad. José Cretella Jr. e Agnes Cretella. São Paulo: RT, 2002.

REFERÊNCIAS BIBLIOGRÁFICAS

RUSSELL, Bertrarnd. *História do pensamento ocidental:* a aventura das ideias dos pré-socráticos a Winttgenstein. Trad. Laura Alves e Aurélio Rabello. Rio de Janeiro: Ediouro, 2002.

SANTOS, J. M. Carvalho. *Código Civil brasileiro interpretado.* 5. ed. Rio de Janeiro: Freitas Bastos, 1953.

SARAIVA, Vicente de Paulo. *Expressões latinas jurídicas e forenses.* São Paulo: Saraiva, 1999.

SARLET, Ingo Wolfgang. *Dignidade da pessoa humana e direitos fundamentais na Constituição de 1988.* Porto Alegre: Livraria do Advogado, 2006.

SARMENTO, Daniel. *Direitos fundamentais e relações privadas.* Rio de Janeiro: Lumen Juris, 2004.

_____. Interesses públicos *vs.* interesses privados na perspectiva da teoria e da filosofia constitucional. In _____ (Org.). *Interesses públicos* versus *interesses privados:* desconstruindo o princípio da supremacia do interesse público. Rio de Janeiro: Lumen Juris, 2005.

SERPA LOPES, Miguel Maria de. *Curso de direito civil:* introdução, parte geral e teoria dos negócios jurídicos. 8. ed. rev. e atual. por José Serpa Santana Maria. Rio de Janeiro: Freitas Bastos, 1996. v. 1.

SOUSA SANTOS, Boaventura. *Pela mão de Alice*: o social e o político na pós--modernidade. São Paulo: Cortez, 2003.

SOUZA JÚNIOR, Cezar Saldanha. *Consenso e democracia constitucional.* Porto Alegre: Sagra Luzzatto, 2002.

STOCO, Rui. *Tratado de reponsabilidade civil.* São Paulo: RT, 2004.

TARTUCE, Flávio. *Direito civil.* Direito das obrigações e responsabilidade civil. São Paulo: Método, 2010. v. 2.

THEODORO JÚNIOR, Humberto. *Comentários ao novo Código Civil.* Rio de Janeiro: Forense, 2003. v. 3, t. 2.

TOLOMEI, Carlos Young. A noção de ato ilícito e a teoria do risco na perspectiva do novo Código Civil. In: TEPEDINO, Gustavo (Coord.). *A parte geral do novo Código Civil:* estudos na perspectiva civil-constitucional. Rio de Janeiro: Renovar, 2002.

VIEIRA, Patrícia Ribeiro Serra. *A responsabilidade civil objetiva no direito de danos.* Rio de Janeiro: Forense, 2005.

ZAFFARONI, Eugênio Raul; PIERANGELI. José Henrique. *Manual de direito penal:* parte geral. São Paulo: RT, 1997.

ZAGREBELSKY, Gustavo. *El derecho dúctil*: ley, derecho, justicia. Trad. de Marina Gascón. Madrid: Trotta, 2005.

Legislação

BRASIL. *Constituição Federal.* São Paulo: Saraiva, 2003.

_____. *Código de Defesa do Consumidor* (Lei 8.078 de 11 de setembro de 1990). São Paulo: Saraiva, 2005.

_____. *Código Civil brasileiro* (1916). São Paulo: Saraiva, 1998.

_____. *Código Civil brasileiro.* São Paulo: Revista dos Tribunais, 2003.

_____. *Código Penal brasileiro* (Decreto 7/12/1940). São Paulo: Saraiva, 2001.

_____. *Lei nº 9.503, de 23 de setembro de 1997.* São Paulo: Lógica, 1999.

_____. *Lei nº 10.671, de 15 de maio de 2003.* São Paulo: Manole, 2003.

ITÁLIA. *Código Civil italiano.* Disponível em: <www.usl4.toscana. it/dp/lsll/lex/ cc.htm=L4t9>. Acesso em 1º jul. 2006.

PORTUGAL. *Código Civil português.* Coimbra: Almedina, 2005. Aprovado pelo Decreto-Lei nº 47.344, de 25 de novembro de 1966.